DICTIONAIRE POLITIQUE:

OU

GLOSSAIRE ALPHABETIQUE,

que le celebre

D. J. VOLKNA,

Professeur d'Eloquence Militaire-Politique

AU COLLEGE DE BERLIN,

a composé

POUR SES LEÇONS PRIVÉES:

Traduit sur l'Imprimé Allemand.

A LONDRES 1762.

Chez GUILLAUME MEYER,

Libraire dans le Strand.

AVIS
SUR CETTE
NOUVELLE EDITION.

LES NEGOCIATIONS POUR LA PAIX, *aiant été entamées entre les Cours de* LONDRES *&* *de* VERSAILLES, *conſtatées même par l'Arrivée de Mr. de* BUSSY, *Miniſtre Plenipotentiaire françois*, à Londres, *&* *de Mr. de* STANLEY, *Miniſtre Plenipotentiaire Anglois*, à Verſailles, *pour accélerer la Concluſion de cette Paix deſirée & ſi néceſſaire, on ne pouvoit douter de la realité du* CONGRE'S d'Augsbourg, *où toutes les Puiſſances belligerantes étoient convenues unanimement d'envoyer leurs Miniſtres; & le notre fut un des premiers à ſe mettre en état de s'y rendre, & d'y paroître avec la prééminence, que meritent les Efforts que nous avons faits pour établir une Paix generale: Efforts que* P***, *ce ſublime Miniſtre, a ſoutenus pendant*

dant tout le cours de cette guerre, avec une Eloquence politique militaire tout-à-fait extraordinaire.

Mais comme cette Eloquence est fondée sur les Principes d'une NOUVELLE POLITIQUE, *il étoit à craindre que les Negociations pour la Paix ne trainassent en longueur, si tous les Ministres qui devoient s'assembler au Congrès, n'étoient pas instruits d'avance, sur la signification dans laquelle il faut accepter les Actions & les Expressions de cette nouvelle Politique, mon zéle Patriotique m'a engagé à publier en françois, sous le Titre de* DICTIONAIRE *ou* D'ALPHABET POLITIQUE, *le* Glossaire *que le celebre* D. J. VOLKNA, *Professeur de l'Eloquence militaire politique*, au College de BERLIN, *a composé en* Allemand *pour* ses Leçons privées.

DISCOURS DE L'AUTEUR A SES DISCIPLES SUR LES *AVANTAGES* DE LA NOUVELLE POLITIQUE.

IL y a dans le monde quantité de Glossaires en Ordre Alphabétique, tant pour l'intelligence des anciens Manuſcrits, & des lan-

langues mortes, que pour l'ornement des bibliotheques des curieux & des oisifs. On néglige ordinairement le plus nécessaire & le plus utile, pour s'attacher à des riens, à des minuties & à la bagatelle. Personne ne s'est avisé de donner un Dictionaire Politique; apparemment dans la crainte qu'il n'auroit point fait fortune, puisqu'on n'y auroit trouvé que les maximes de l'ancien *Droit de la Nature & des Gens*, ainsi que *de la Guerre & de la Paix*, qu'on peut trouver facilement dans PUFFENDORF & GROTIUS, au moyen des Tables des Matières, dont les Ouvrages de ces Politiques sont accompagnés; sans cela le judicieux VATTEL auroit pû ranger en Ordre Alphabetique le Corps des mêmes Droits, qu'il vient de rediger avec tant de Sagacité.

Il n'y a que Vous, mes nobles Disciples, à qui il étoit reservé, d'être au-dessus des Préjugés qui attachent tout le reste de l'Univers à l'ancien Droit; & pour vous empêcher d'y être entraîné par le torrent, j'ai composé cet Alphabet Politique. Vous y trouverez la Quintessence de nos théses Politiques *impugnables*; l'usage vous en deviendra familier, & vous étonnerez le Monde par vôtre éloquence: Vous

Vous acquererez le Droit de mettre au jour de nouvelles Idées ; de tirer de brillantes conclusions ; de faire valoir des Repetitions, de les étendre, & de remplir des feuilles, sans vous marteller le cerveau.

Les Accademiciens ont eu beau donner tout leur tems à la culture de la langue, ils n'ont rien fait pour l'éloquence politique. Ils ne sont pas versés dans notre Philosophie & dans nos Droits, qui n'existent jusques ici que pour nous. La Politique militaire rafinée est pleinement de notre invention, & dès là il n'est, sans contre-dit, que nous, qui ayons droit d'en être les Docteurs. C'est nous, qui en relevons le bon goût. On nous suivra, je l'espère ; mais peut-être ne le fera t'on pas de si tôt : C'est pourquoi ce Glossaire ne sera d'abord qu'à votre usage. Nous étonnerons le monde, autant que nous possederons seuls cette science : Mais avec le tems, qui enfin met tout à la mode, on se trouvera obligé de puiser en fait de Politique chez nous, comme en ſait d'habillements on prend leçon des Petits Maitres.

Nos ayeux ſe ſeroient-ils bien imaginés, qu'on uſeroit de la *raiſon de guerre* en tems de paix ? Que s'arranger pour être en état de ſe defendre contre un Voiſin turbulent & ambitieux, qui a une Armée plus forte ſur pied que ſes pays ne le portent, & qu'on ſait être dans le desſein d'écraſer tous ceux de ſes Voiſins qui ne ſont pas ſur leurs gardes, ou trop foibles pour lui tenir tête ; auroit-on jamais pû, dis-je, deviner ſans nous, que ceux qui ſe precautionnent contre un tel Voiſin, peuvent être accuſés d'être les Aggresſeurs ? Qu'on ſoit en Droit d'occuper le païs d'un ami, ſans que l'amitié la plus tendre, les aſſûrances les plus fortes d'union & de paix en ſouffrent d'aucune façon ? qui auroit jamais oſé établir autrefois une pareille hypothéſe ? perſonne n'auroit rencontré des expreſſions aſſez énergiques pour développer tout cela ? Elles ne tirent pas leur force, ces expreſſions, de leur Etimologie, non ; Elle

leur

leur eſt nouvelle, & c'eſt la Politique qui la leur communique, à cauſe des *malheurs du tems.* Les exemples des illuſtres Auteurs de nos Ecrits Politiques en prouvent l'utilité : ce ſont là les ſources des richeſſes & du goût de notre nouvelle Rhetorique-politique, que perſonne n'auroit prevû avant ce malheur du tems ſusmentionné. Quelles gens étoient-ce donc, que ces Politiques, nos predeceſſeurs ? Nous ne ſaurions les reconnoitre; Nous en rougiſſons. GROTIUS, ce ſombre Hollandois, qui dans ſon *Traité de la Paix & de la Guerre* ſent partout la lenteur de ſes Concitoyens, aimoit les propoſitions creuſes d'une Juſtice, & d'une Morale bornée : le moyen qu'il eut jamais pû prevoir la vivacité de nos preuves ? Notre PUFFENDORF même, n'auroit pû s'attendre à cet heureux changement de goût dans ſon païs. Le maitre de Céremonies des Ambaſſadeurs, WICQUEFORT, jugeoit tout autrement que nous de l'urbanité. Ces hommes d'Etat ne pouvoient ſe paſſer de ces régles, qu'à bon droit nous jugeons maintenant être ſuperflues, du moins contradictoires à la Politique de nôtre tems, trop rétrécies pour l'éxécution des faits extraordinaires, & toutes incapables de demontrer nos propoſitions étonnantes. L'uſage nouveau des termes que je donne ici par Ordre Alphabetique, ſuffit ſeul pour remplacer ceux qui ſont condamnés à l'oubli. On peut ſoutenir déſormais ſans leur ſecours, tout ce que l'on voudra; leur doctrine flegmatique plie ſous nôtre vivacité. Leur Réputation tombe: on l'eſtimoit acquiſe par un fond de ſcience Politique; & aujourd'hui elle dégenère en pitoyable pedanterie. Nos gens de Cour, au lieu de les adopter, en font un plein abandon aux benins arcboutans de la Chaire. Quoiqu'on accorde encore à leurs anciens partiſans, l'honneur d'employer dans nos Ecrits quelques-uns de leurs termes, & d'uſer par fois de leurs demi-propoſitions, on ſe gardera bien de les raporter en entier, crainte qu'ils n'y donnent, ſelon leur louable coutume, un ſens contraire à celui dans lequel nous voulons les employer; nous les bannirions plûtôt abſolument de nos Ecrits. L'Antimachiavel même ne doit

doit ſervir qu'à amuſer quelques Savans, quelques Philoſophes, & en même tems ajouter à l'éclatant éloge du Genie de ſon Auteur, ſans néanmoins indiquer rien autre choſe dans la Politique ordinaire, que ce qu'on a l'habileté de ſaiſir dans les vieilles propoſitions, quoique diamétralement oppoſées à nôtre façon de penſer, & contraires par conſéquent à nôtre nouvelle Politique martiale: Capacité ſans doute admirable, & même perfection encore plus grande, que de croire & de pratiquer le contraire de ce qu'on a avancé.

On ſeroit peut-être parvenu plûtôt à cette Capacité, ſi tant de Rois mêmes, au lieu de reconnoitre le grand avantage qui en reſulte, ne ſe fuſſent piqués de ſuivre le pretendu héroïſme des moraliſtes. Un Henri IV. Roi de France, avoit la foibleſſe de tirer vanité d'avoir dit, que quand même la ſincerité ſeroit bannie du monde, elle devroit trouver ſon aſile dans les cœurs des Rois. Je ne dirai rien de la Maiſon d'Autriche; tout le le monde connoit la Sincerité de Maximilien, la crédulité de Charles V., & combien de fois les deux Rudolphes ont été trompés sans user de represailles. Cette illustre maison soutient toujours sa même façon de penser, quoiqu'Elle se ressente des dommages qu'elle a souffert tant de fois, parceque d'autres n'en agissoient pas de même qu'elle.

Nous sommes plus sages nous autres. Nôtre Politique est plus rectifiée, & nous osons entreprendre des choses, que nos ancêtres n'auroient osé s'imaginer. L'honneur de l'invention nous demeurera toujours, si les Puissances de l'Europe reçoivent nôtre nouvelle Politique; mais si personne n'a la noble hardiesse de renoncer aux anciens préjugés & à l'idée d'une certaine justice dans l'art de regner, nous aurons d'autant plus lieu de nous réjouïr. Cela nous mettra à même de donner aux yeux du monde, par la force de quelques nouvelles expressions, une apparence de Justice à tous nos faits, & de refuser cette apparence à ceux des autres

tres. Enfin, nous aurons le droit, de faire à notre gré nos propoſitions tonnantes: Le Public nous applaudira, & la poſterité ſera obligée d'approuver ce que nous établiſſons.

Quelles Idées le Peuple ne ſe forme-t-il pas au ſon des mots dont ſe ſert un P***, qu'on ne ſauroit aſſez admirer? un Klingræf, inimitable dans les manières polies de la Cour? un H*** auſſi touchant que les plus tendres Echos? ce Suedois à Danzig, qui pouvoit avec juſtice aſpirer à de grandes recompenſes, & ſe cache néanmoins par modeſtie? & d'autres de nos Ecrivains politiques, qui ſurpaſſent de beaucoup en ſcience un Wolf, un Maſcow & un Coccejus?

Quoiqu'on baille quand ils parlent, le vulgaire reconnoîtra toujours avec admiration la grande Science renfermée dans ces mots, & ſe prêtera volontiers à nous croire. Le Clergé craindra ce que nous ferons prévoir: nos menaces font naitre l'effroi, le déſir, le Zèle, tout comme nous le jugeons à propos. Le Campagnard, après nous

nous avoir lû, nous croit ſeuls dignes du nom d'auteur, & ne déſire plus rien à lire. Les uns diſent ; Comment pourroient-ils être aſſez impudents pour en tant dire, ſi rien ne ſe trouvoit vrai ? ainſi leur incertitude même nous devient une nouvelle preuve pour paroître fondés en exacte verité. D'autres ajoutent ; Quoique nous n'ayons ni vûs, ni entendus ces faits, il faut pourtant qu'ils ſoient vrais, parcequ'ils en appellent au témoignage de tout le monde. Un troiſième dit : ne craindroient ils pas un Dieu, qu'ils réclament tant de fois & ſi hardiment ? vraiment oui : Ce qui eſt ſi frequemment repeté ne peut plus être équivoque ; on leur en impute, ils ſont plus que juſtifiés, *ces Innocens !* & quand même ils n'auroient pas été en tout véridiques, on ne ſeroit point autoriſé à les taxer de menſonges. Tant d'épithétes, & ſur-tout en *able*, ne ſont aſſurément pas gratuites, & tout ce qu'on pourroit leur objecter avec raiſon, c'eſt qu'ils tachent par là de ſe reconcilier avec la France. Après cela, qu'on faſſe tous ſes efforts, pour renverſer nôtre éloquence ! appuïés ſi ſolidement, nous ne les craignons plus : Le Lecteur, au fait de la force de nos termes

&

& de l'étendue de nos Idées, decidera ſur le champ & avant même de nous avoir lû, qu'il faut que nous ayons raiſon. En voila plus qu'il n'en faut, pour rendre ſenſibles le prix, la force & l'utilité de ce Gloſſaire. S'il manquoit encore quelque trait à la perfection de ſon luſtre, nos ouvrages à-venir y ſuppléeront abondamment. Mr. M. Tur. Rakelius va faire à mon exemple un Gloſſaire du langage militaire de cour, avec des notes & des regles de politeſſe. Bientôt toutes ces beautés ayant pris le deſſus dans nôtre langage , tous nos Ecrits publics ne pourront que ſe conformer à un uſage ſi autentique. Notre Politique Martiale & ſa nouvelle Rhetorique ſeront inſéparables: la mâle éloquence & les beautés de l'une, tenant de toute néceſſité à l'autre, elles ne pourront ſe quitter; & leurs beſoins *Reciproques* & leur emphaſe mutuel fixant leur durée, éterniſeront mon ouvrage. Ma louable modeſtie m'avertit, que je dois mettre fin à ma préface. Ma *Généroſité* n'eſt pas ambitieuſe ,mais on l'ignoreroit ſi je ne le déclarois pas à mes Lecteurs ; J'ai de la *Conſidération* pour leurs jugemens, & j'obſerve avec eux le *Décorum* ; je ne meſuſerai pas de leur pa-

patience, & je prends en finissant ce Discours, mes *mesures innocentes* pour en venir à l'ouvrage même.

Ridendo dicere verum quid vetat?
Et amara læto temperet risu!

HORAT.

ALPHA-

L'ALPHABETH POLITIQUE

SE PUBLIE AUJOURD'HUI ENTRE AUTRES POUR LA RAISON SUIVANTE.

LA *Gloire* & la *Dignité* exigent cette publication, parceque S. A. R. le Margrave de Brandebourg, ainſi que le Général Fouquet, voyants l'échec ſouffert cette Campagne par la perte de la forte Place de SCHWEIDNITZ, emportée d'Emblée par le Général de Laudohn, & voulants mettre en partique les Leçons du Collège de Politique de *Berlin* ils ont formé des plaintes, pour jetter un Blâme ſur la Cour de Vienne; Mais Mr. de Laudohn, par ordre de ſa Souveraine, y a riſpoſté par un Appel au Public ſur des queſtions inſoutenables, & d'autant plus déſagréables, qu'on les avance comme fondées ſur la memoire des faits.

** LET-

LETTRE DE S. A. R.
LE
MARGRAVE CHARLES
DE BRANDEBOURG,
A S. E. LE BARON DE LAUDON:

de Buntzelwitz le 21. Septembre 1761.

SUivant ce que le Roi m'a fait connoitre, on a porté à Sa Maj. de nouvelles plaintes très-graves par raport aux Officiers prisonniers. Non seulement on ne leur a point donné depuis 4. mois l'argent qu'ils doivent recevoir chaque mois pour leur subsistance en consequence du Cartel etabli; mais on a presenté en dernier lieu au Général de Fouquet *un petit nombre de Ducats, en exigeant qu'il en donnât Quitance, sans en specifier le prix, ni la valeur, à laquelle on les recevoit, & sans marquer non plus que ce n'étoit qu'un à compte.*

Ce Général n'avoit d'autre parti à prendre que celui de refuser ce qu'on exigeoit de lui sans justice, & ne pouvoit par consequent accepter le peu d'argent qu'on lui présentoit à proportion des arrieres qui lui étoient dûs, par l'extrême prejudice qui en resulteroit. Ces procédes inouis étant contre toute bonne foi & contraires à ce que les Puissances policées, qui sont aujourd'hui en guerre, observent encore, savoir au Droit de la nature & des gens, Sa Majesté pour y apporter un juste remede se verra forcé, malgré son penchant naturel,

d'user

d'uſer de repreſailles à l'égard des Priſonniers Autrichiens, *& de regler par tout leur traitement ſur la conduite qu'on tiendra à l'egard des ſiens.*

Le Roi m'a ordonné de le mander à Votre Excellence. Sa Majeſté aïant deja appris par une longue expérience ce que c'eſt que la bonne foi de la Cour Imp. & Roiale, puisque, contre toutes les Loix & uſages de la Guerre connus dans le monde, les Autrichiens *rompent, ſuivant leur bon plaiſir & leur convenance, les Conventions & les Cartels faits entre les Armées (qui ailleurs ſont tenus pour ſacrés) & font pour la plûpart la guerre en Barbares; de maniere qu'il ne manque plus que de traiter les Priſonniers en Eſclaves. On ne dira rien ici des moïens violens qu'ils emploient pour contraindre quantité de Priſonniers* Pruſſiens *à prendre parti, ſoit par des menaces, ſoit par des coups, ſoit par autres mauvais traitemens.* Sa *Majeſté a encore ajouté, qu'on auroit ſouffert plus longtems cet injuſte procedé, ſi les* Autrichiens *avoient, en conformité du Cartel, procuré la ſubſiſtance à ſes Priſonniers, mais que, paroiſſant maintenant qu'on ne fait & qu'on ne veut faire aucune diſpoſition à cet égard, les* Autrichiens *pourroient du moins encore ſuivre les regles de l'équité en ſe debarraſſant des Priſonniers par un echange général & conforme au Cartel, d'autant plus que cela pourroit tourner à leur avantage, puisqu'il eſt connu que nous avons plus de leurs Priſonniers qu'ils n'en ont des nôtres.*

Je ſouhaite, que l'Inconvenient, qui ſubſiſte aujourd'hui, ſoit terminé ſans traineries ulterieures, & qu'en tout cas la charge d'entretenir les Priſonniers puiſſe être diminuée par un échange général.

 Cette

Cette Lettre Politique eſt une Piéce de main de maitre. Auſſi, Mr. le Général de *Laudon* la trouva trop ſingulière & trop digne de reflexion pour prendre ſur lui d'y répondre avant de l'avoir communiquée à ſa Cour: il la lui envoïa donc; & on lui manda d'y faire la réponſe ſuivante, qu'il fit en effet le 30. du méme mois de Septembre.

REPONSE DE M. DE LAUDOHN.

LA Lettre, que V. A. R. m'a fait l'honneur de m'écrire, s'exprime d'une façon ſi ſingulière, que j'ai cru, avant d'y repondre, devoir informer ma Cour de ſon contenu.

J'en ai reçu ordre de mander à V. A. Roïale, que les expreſſions dures & améres qu'Elle emploie, ont paru d'autant plus extraordinaires, que V. A. R. ne peut ignorer, non plus que tout le monde,

Quel eſt celui qui contre la bonne foi *&* le Droit des Gens *a déjà quatre fois rompu la Paix*?

Qui non ſeulement a permis, mais même ordonné le premier le pillage, l'incendie & la devaſtation?

Qui force à prendre parti, *non ſeulement les Priſonniers, mais des Sujets innocents, de differents Etats de l'*Empire, *en les accablant de coups, en les aſſommant, & en les jettant dans des cachots?*

Qui ecarte de ſes yeux ſuivant ſon bon-plaiſir & la convenance *toutes les Loix, tous les uſages de la Guerre adoptés de toute la Terre, &*

ne

ne ſe ſouvient pas plus des Conventions & Cartels établis entre les Armées, ſi religieuſement obſervés ailleurs?

Qui, contre ſa promeſſe formelle, *a arrêté des Eſcortes données à des Priſonniers de guerre?*

Qui a humainement *accordé à des Ennemis bleſſés la permiſſion de ſe ſervir des Bains; mais qui,* en revanche, malgré ſa Parole & les Sauve-Gardes données, *a fait enlever avec leur Bagage les Officiers qui faiſoient uſage de ces mêmes Bains?*

Qui ne ſe fait aucun ſcrupule d'agir en barbare dès-que la raiſon de convenance paroit le demander, & de faire d'autrui un Portrait qui ne reſſemble qu'à lui?

Qui ſe croit tout permis?

Qui enfin, montre une ſurpriſe extrême, lorſqu'on eſt forcé d'uſer de Repreſailles, *quoi qu'on le faſſe avec une* moderation *infinie.* *

Ma Cour ſoumet volontiers au Public impartial la déciſion de ces Queſtions, & de pluſieurs autres qu'elle pourroit faire encore; Et, comme elle eſt convaincuë *par une longue experience*, que, pour ne point ſe prejudicier entièrement, *il ne lui reſte d'autre parti que de ſe modeler ſur la conduite des Pruſſiens*, elle ne peut plus abſolument voir avec indifference, qu'on paye les Officiers priſonniers en *Monnoie de très mauvais* aloi, tandis qu'elle paye

* L'Alphabet Politique repond à toutes ces queſtions, & montre comment, ſelon la Nouvelle Politique, il faut entendre les expreſſions & les actions Pruſſiennes.

paye les Prisonniers de *Prusse en bonnes Espèces*.

Il ne s'agit pas uniquement du nom qu'on donne à la Monnoie, ni d'un peu plus ou moins de valeur intrinseque: La difference est de beaucoup plus de 50. pour cent; Et il est naturel, que les Denrées haussent proportionnellement à la diminution de la valeur des Espèces.

Je dois ajouter à cela les plaintes amères & réiterées de nos Officiers sur la cherté inouïe, & sur la dureté de la situation, où le Soldat se trouve sur tout. C'est d'ailleurs sans aucun fondement, qu'on a raporté à V. A. Roïale, que les Officiers & Soldats prisonniers étoient traités contre les loix & les coutumes de la Guerre **; &, si dans les Quartiers, où ils sont actuëllement, le prix des Denrées leur pa

** Le sujet des plaintes rapportées ci-dessus, a été pris de ce qu'on avoit jugé nécessaire, pour éviter toute altercation lors du compte général, & pour prévenir tout préjudice qui pourroit résulter de la différence notable des Monnoies, d'exiger de Mrs. les Généraux & Officiers *Prussiens*, pour les Sommes qu'on leur fournissoit, des Quitances, où le nombre des Ducats, qu'ils recevroient, fût specifié. Voici celle que Mr. de Fouquet a refusée de signer.

J'ai reçu de la Caisse des Guerres Imp. & R. par les mains de Mr. d'Anacker, *Commissaire des Guerres au Service de L. M. I. & R.* 144. *Ducats de* Hollande *à* 4. *Florins* 7. *Creutzers & demi piece, à compte des arriéres, que j'ai à prétendre pour le traitement des* 3. *mois de Juin, Juillet, & Août.*

A BRUGG sur la *Leutha* le 28. Août 1761.

Bon pour 144. *Ducats de* Hollande *à* 4. *Florins* 7. *Kreutzers & demi piéce.*

---

paroit trop haut, ma Cour ne fera pas la moindre difficulté de les envoier dans des Pays, où les vivres feront beaucoup moins chers.

L'unique plainte, que les Officiers & Soldats *Pruſſiens* puiſſent donc faire, c'eſt que ma Cour veut porter dans le compte à faire l'argent tel qu'il a été donné, & que pour l'avenir elle veut obſerver une parfaite égalité de valeur intrinſéque de l'argent qui fera de part & d'autre le paiement des Priſonniers, ſans vouloir s'en attribuër aucun profit & ſans en ſouffrir aucun dommage. Si ce procedé merite le nom de conduite barbare, ou même de conduite peu équitable; c'eſt une queſtion dont la decifion ne depend pas du ſeul bon-plaiſir du Roi de *Pruſſe*, & qui ne peut-être jugée par les expreſſions indecentes, qui ont été emploiées de la part des *Pruſſiens*.

Au reſte, S. M. I. & R. conſidère trop l'état de Soldat pour perdre de vuë ce qui peut adoucir le ſort des Priſonniers, en tant que la reciprocité le permet; & c'eſt par cette raiſon qu'à commencer au 1. Novembre prochain, mon Auguſte Souveraine a reſolu de faire tenir à ſes Officiers & Soldats priſonniers les argents neceſſaires pour leur ſubſiſtance, & de ne plus rien fournir par conſequent deſormais aux Priſonniers *Pruſſiens*, dont le traitement dependra de la volonté du Roi leur Maitre, à commencer auſſi au 1. Novembre.

On terminera de cette manière toutes diſputes de part & d'autre par raport à la valeur intrin-

intrinseque des Espèces; la réciprocité se trouvera exactement etablie, & il sera libre à chaque Souverain de donner à ses Officiers & Soldats la subsistance sur le pied qu'il le jugera à propos.

Pour que les Prisonniers la reçoivent convenablement, on propose ultérieurement de s'en communiquer mutuellement la Liste, avec les noms des lieux où ils sont detenus, & suivant ce qui s'est pratiqué en semblables occasions pendant d'autres Guerres; de donner à quelques Commissaires la permission de s'y rendre pour y payer les Deniers à ces mêmes Prisonniers. Nous offrons de notre côté à cet effet les Passeports nécessaires pour les Commissaires *Prussiens*; & ils seront expédiés dès qu'on en saura le nombre & les noms.

S'il se trouvoit de la part du Roi de *Prusse* quelques difficultés à l'envoi de Commissaires, on pourroit en tout cas nommer de part & d'autre des Généraux ou des Officiers de l'Etat-Major prisonniers, qui seroient chargés de recevoir & de distribuer l'argent.

Cette offre sert de preuve convaincante, que mon Auguste Maitresse a pour but d'adoucir d'un côté le sort rigoureux des Prisonniers de part & d'autre, & d'observer d'ailleurs le plus exactement les règles de l'equité & de la reciprocité. Elle sert aussi à La disculper aux yeux de toute la Terre de tout ce que les Prisonniers pourront souffrir, si par hazard on ne veut point de part adverse se prêter à ces dispositions.

Telle est la Reponse, que j'ai l'honneur de faire avec beaucoup de respect à V. A. R. par ordre exprès de ma Cour, &c.

ALPHAB-

ALPHABETH POLITIQUE,

POUR L'INTELLIGENCE DES ECRITS OU PIECES DU TEMS.

A.

Actions. Nous appellons les notres, *innocentes*, *tendentes à la paix*; celles de nos adversaires sont appellées chez nous *des actions indignes*. Cette Expression n'est en usage qu'entre les Politiques modernes, les Anciens se servoient du terme *faits*. Nous nous servons de ce même mot quand nous parlons des ennemis, en y joignant les épithetes choisies expressément pour cet objet: par exemple *forfaits*, des *faits malicieux*, *odieux*, *inexcusables*, *abominables*; & parlant des notres nous usons du mot actions, avec les épithetes nécessaires, comme actions innocentes.

Abominable, c'est un épithete signifiant quelquechose qui donne de l'aversion, si non aux autres, au moins à nous. Cela eſt clair ; car peu de choſes ſont également odieuſes à tous les hommes : J'ai une averſion naturelle pour un homme, qui ne penſe pas comme moi ; cet homme m'eſt donc abominable. J'aime à tenir caché mes vuës, un eſprit pénétrant m'eſt donc abominable. Des gens qui ont la mémoire trop bonne, & qui jugent par ma conduite paſſée de ce qu'on ſe doit promettre de moi pour la ſuite, me ſont abominables, je me ſens tranſi de frayeur toutes les fois que j'entends que quelcun a la mémoire bonne. Tout ce que font ce gens-là m'eſt abominable, & s'appelle *conſpirations abominables* : voïez, CONSPIRATION.

ACCUSATIONS. Quoique nos adverſaires gardent toujours la coutume pedantesque de dire des verités, il faut nier d'abord tout ce qu'ils veulent ſoutenir avec le meilleur droit ; & quand mille perſonnes pourroient l'atteſter, au lieu de les refuter par des raiſons (ce qui couteroit peut-être trop de tems & de peine) on n'a qu'à rejetter hardiment la Calomnie ſur eux. On les appelle ſimplement : fauſſes accuſations, Calomnies, Criailleries qui ſortent de *ſources impures*, *inventions impies*, *inſinuations odieuſes*. Car qui oſeroit croire, que nous nierions ce qui eſt connu à tout le monde ? l'étranger ſera convaincu en notre faveur, & celui qui ſaura la verité du fait commencera à douter de ce qu'il aura vu de ſes propres yeux, qui le lui affirment encore. Notre conduite eſt bien har-

hardie, il eſt vrai ; mais nous faiſons gloire d'être hardis. Suivant l'ancienne Politique ce ſeroit outrer la matiere, vû la Contradiction de la morale ; mais les bonnes gens n'en ſavoient pas davantage. L'eſprit d'un Politique moderne, les yeux d'un chien, & la langue d'un petit maitre dans un Caffé, ſe reſſemblent en cela : L'effronterie ſeule en fait l'eſſence. Dans ce ſtile nôtre eſtimable P*** eſt un homme inimitable. Quand au moyen de nos expreſſions on a pouſſé une entrepriſe, & qu'on en tient encore en réſerve une douzaine de prêtes au beſoin ; alors on n'a plus à craindre qu'on ajoute foi à nos contre parties ; on peut impunément mettre au jour des inventions avec avantage, & donner tel tour que l'on veut à l'affaire. Les oppoſans qui voudroient nous refuter par la vérité, ne ſeront pas crus. Eh ! Qui donnera attention à leurs pitoyables criailleries ? auſſi à la place de cette partie d'une harangue, qu'on appelloit dans la Rhétorique : *Captatio benevolentiæ* j'en ai inventé une, que j'appellerai deſormais : Detractation de la partie adverſe, conformément aux Régles de la modération.

AFFECTION. Ce mot eſt plus énergique que celui d'eſtimer : ſur tout quand on dit *affecfection perſonelle*, alors il exprime tout.

Sous ces aſſurances on peut de droit attaquer ſon ami, ſe ſervir de la *raiſon de guerre* au milieu de la paix ; lui enlever tout le ſien ſous prétexte d'un *Depôt Sacré*, tenir enfermé ſes troupes, le forcer lui-même par la disette à quitter son païs; faire prisonniers ses soldats, les engager d'une manière civile par les coups & la faim, à revoquer leur serment, & à passer au service du frère affectionné. Les anciens Politiques soutiendroient peut-être que ces mots ne sont pas faits pour être alliés l'un l'autre; mais ils ne s'y entendent pas. Descartes l'a prouvé, l'essence de l'homme c'est l'être pensant: je veux dire, l'ame: Je puis aimer celle-ci, & sans violer l'affection que j'ai pour elle faire du mal au corps, son enveloppe, & auquel je ne dois rien. Un Politique peut employer quand il le veut les raisonnemens d'un Philosophe.

AGGRESSION. Nos adversaires n'entendent pas ce terme, & c'est justement par cette raison que nous prouverons toujours, que ce sont eux qui commencent toutes les guerres. Les Anciens s'imaginoient que pour être aggreseur, il falloit commettre les premieres hostilités, comme ils l'appellent; ou du moins agir le premier contre sa parole donnée. Ils avoient raison, par ce que cela attaque directement les droits ou le païs même du voisin; Mais nous autres modernes avons établi: que faire une alliance défensive, introduire un meilleur ordre dans son militaire, batir une forteresse, sont une aggression; par consequent un Prince qui fait tout cela, est l'aggresseur & non celui qui attaque.

AIGREUR. Si des anciens décident quelquechose contre nous, fussent-ils même très fondés, nous appellons cela *Aigreur*; si au contraire quelcun des nôtres, faute d'étoffe, invente quelquechose contre ceux là, cela s'appelle un retour *aigre doux*.

ALLIANCE. Il y en a de deux sortes, l'offensive & la defensive: telle est la distinction qu'on doit en faire. Voïez les mots offensif & défensif.

AMBITION. On l'attribue principalement à nos adversaires; mais non pas simplement, ce seroit trop peu: Une Ambition demesurée, c'est le moins qu'on puisse en dire. Lorsque, par exemple, le Chef d'une Republique veut remplir sa charge, on peut lui donner un blame, en l'accusant de *desseins despotiques*; & s'ériger en même tems en *patriote*, par ce seul mot. Je propose encore un autre Cas: quelcun ne veut pas s'énoncer dans les termes que nous lui préscrivons, cela devient une arrogance intolérable. Encore; un Prince a plus de Troupes sur pied qu'il ne faut pour que je puisse l'écraser: il se rend par là suspect des plus *pernicieux desseins*, de la *Monarchie universelle*; je puis le lui reprocher, & répandre sur son compte, qu'il a une ambition demesurée & inexcusable.

AMITIÉ. Messieurs les Philosophes, les Moralistes, & sur tout les Poëtes, ont souvent representé sous de très belles couleurs les loix de l'amitié: Ils ont fait un portrait dont personne n'a jamais vu l'original. Mettons cette fable au rang des Utopies, des Sévarambes, des Telemaques: passe encore qu'elles ornent le Theatre & y soïent admises; mais la pratique ne pouvant en être démontrée absolument dans le commerce des hommes, il faut attendre de la Politique une representation qui soit plus raisonable. La possibilité de la pratique des Regles se montrera par des exemples: telles sont (1) les assurances les plus tendres de bouche & par écrit. (2) L'amitié ne regarde que la personne, sans s'étendre aux biens, aux Etats, parens, ni sujets de l'ami; car autrement l'amitié ne seroit pas personelle; je ne suis point obligé d'être ami de tout un païs. (3) De deux devoirs contraires entre eux, le moindre doit ceder: Il s'en suit (4) que le devoir qui nait des assurances ne doit pas toujours être rempli; (5) ne doit pas être un obstacle à s'approprier le bien & les Etats d'un ami, & à traiter tous ses sujets comme on feroit sans cette amitié. (6) Mon Interêt, mes troupes, mes efforts pour la paix, me touchent de plus près que mon ami: Le premier devoir est plus fort que le dernier. Les exemples de tous les jours peuvent prouver, que la pratique de l'amitié suivant ces regles est plus possible, que cette autre tant vantée par les Philosophes & les Poëtes. Notre Politique en donne un exemple en Saxe.

A quoi bon, que la morale pretende des hommes plus qu'on ne ſauroit preſumer d'eux, & qu'ils ne veulent faire.

AMOUR & PAIX. Ces mots ſervent de grand ornement à un Ecrit, ſans toutefois nous obliger à en agir autrement que le demande notre Politique: ces deux expreſſions tendres, ne ſont pour nous que des *Prædicata politica*.

ANIMOSITÉ. Mot d'un grand uſage dans la Politique; on attribue par ſon moïen tout ce que l'on veut à ſon adverſaire, & il ramene tout. On peut en varier les épithetes: par exemple Animoſité cachée, implacable, la plus odieuſe, honteuſe, inexcuſable, exorbitante, & ſi l'on veut, l'animoſité la plus animée.

ANTIQUE. *Du vieux tems.* (Antiqui Politici.) Cette façon de parler n'eſt pas en uſage dans les Ecrits d'Etat, mais on s'en ſert à l'oreille. Ce ſont des gens qui ne ſe laiſſent pas prendre par la beauté de nos actions politiques, & qui n'entendent pas ſe conformer à nos maximes; mais qui ſuivent toujours leur ancien Droit des gens, & les coutumes des Cours & des Nations: Les hommes d'Etat de la Cour de Vienne tiennent entre eux le premier Rang, ils tirent vanité même de ce qu'ils ne veulent pas exercer notre politique: à la bonne heure, rien ne ſauroit mieux tourner à notre avantage ; le tour fin, qui eſt tout familier à nous autres modernes, leur eſt abſolument inconnu. Ils ſavent par cœur toutes les loix d'Allemagne & des autres peuples; ils ſont au fait des Traités, des alliances de chaque Cour, des droits de chaque peuple & de chaque ville en particulier ; ils connoiſſent à fond la Bulle d'or, les conſtitutions de l'Empire, la paix publique, l'ordonance de la Chambre Impl., les Receſs de l'Empire, les Capitulations des Empereurs. Que de peine à aprendre & obſerver tant de choſes ; & que peuvent-ils entreprendre, tant qu'ils ſuivent en régle toutes ces pedanteries ? Qu'on leur demande, ce que c'eſt qu'une Reciprocité? s'ils connoiſſent la différence qui ſe trouve entre les deux devoirs, *je m'engage au païement*, & *je m'engage à païer*? ce que c'eſt qu'un *depôt ſacré*, *la raiſon de guerre en tems de paix*, un *malheur du tems?* ils n'en ſauront rien ; & cependant ils oſent exiger qu'on doive ſe regler ſur eux. Je crois même qu'ils veulent faire revivre les *feciales* des anciens Romains; car ils prétendent déja qu'on leur déclare la guerre avant que de les attaquer: J'ai honte de ces vetilles ; pourquoi ne pas determiner les frontières ennemies par des fleches plantées en terre, ſelon l'uſage de quelques ſauvages Américains ? Plus les tems ſont éclairés, moins on fait de façon & de cérémonies ; nous demandons aux voiſins une nouvelle declaration, ſans

ſans lui dire que nos troupes ſont déja paſſées ſur ſes frontieres ; c'eſt tout autre choſe: C'eſt ainſi qu'il faut punir les gens arrogants. Auſſi avons-nous nos mots particuliers & tout propres à les rendre odieux & mepriſables dans le monde, & d'autres qui ne ſont employés que pour nous. Comme nous ſommes les derniers, nous devons faire de notre mieux pour acquerir de la Confiance aux depens des anciens. Tout moyen eſt permis à un Politique pour y réuſſir. Ce ne ſont que des *meſures juſtement priſes* ; Notre *Decorum*, notre *Gloire* le veulent, il faut les *écraſer*.

APPAREIL, PRÉPARATIFS. Par exemple *Préparatifs oppoſés à la paix publique.* Nous employons ces expreſſions, quand un voiſin acheve de batir une fortereſſe commencée depuis pluſieurs années, & qu'il y met la moitié des troupes qu'il faudroit pour defendre les portes & quelques-uns des ouvrages interieurs; ou quand il y fait entrer quelques Canons de bronze, ou conſtruire quelques tours, & voiturer la farine neceſſaire à la garniſon pour un ou deux Mois.

En ſecond lieu, bien que les Campemens pour exercer les troupes ne ſoient pas toujours une violation de paix; ils ſont néanmoins régardés comme tels ſi l'Ennemi le juge à propos. Des Campemens très conſiderables maintenus pendant huit années, n'ont pas été un ſujet de violation de paix; mais dans la neuviême un bien moindre eſt pris pour tel par une *Raiſon politique*. La ſolution de ce Probleme ſe trouve à l'obſervatoire de Berlin, & dans la Planete qui regna l'année 1756.

En troiſième lieu : Il en eſt presque de même des marches des troupes des voiſins. Il eſt à remarquer encore, que ſuivant nos regles politiques on peut regarder auſſi comme étant actuellement en marche, celles qui ayant des ordres, ne font que s'y préparer encore, en faiſant des recrues & des remontes, ſans pouvoir peut-être ſe mettre réellement en marche que long-tems après. Tous ces appareils, ces préparatifs, nous écrïons-nous, ſont contraires à la paix publique de l'Empire & aux Traités, par conſéquent des *démarches ambitieuſes*, *énormes*, tendantes à *l'écraſement* de la Partie adverſe, & même *offenſives*.

APPLICABLE, du mot latin *applicare*, ſignifie quelque choſe qu'on peut emploïer avec juſteſſe. C'eſt pour la terminaiſon en *able* & la belle conſonnance, que nos politiques s'en ſervent, comme de *deteſtable*, *raiſonable*, *pardonable*, *convenable*.

APPRENDRE DE BONNE PART. Si quelcun de nos émissaires nous en impose, en rapportant ce qu'il a appris, dans le cabaret peut-être; si quelque traître acheté à prix d'argent a inventé quelque-chose qui nous aggrée, nous disons, de l'avoir de bonne part. On est obligé à nous croire, sans autre preuve. Ce rapport peut trouver place entre les *Pieces authentiques* quoique une des imaginaires, qui sont plus utiles que les réelles.

ARMEMENT. Ce sont des préparatifs pour la guerre, incompatibles avec la paix. Il paroît plus grand dans l'éloignement; au lieu que suivant les regles de l'optique les autres objets paroissent plus pétits. Par exemple les Troupes Autrichiennes campées près de Colin montoient en tout à 30000. hommes, lorsque nous pénétrions déja en Boheme par la Saxe. Cependant on avoit vu dans ce païs dès le mois de Fevrier & de Mars, de l'observatoire de Berlin, des armées formidables de 80000. hommes; & préparer d'autres grands Camps près de Jaromitz & Nozeploz, pourvûs de tout leur attirail, avec un nombre considerable de chariots, de bagages, de vivres & de munitions; & même un grand train d'Artillerie. Ce n'est pas, que le tout y fût réellement, ce n'est pas non plus qu'un defaut de notre œil, ou de nos Lunettes nous fit faire cette prodigieuse découverte; mais c'est par un effet de reperpercussion de nos Regimens, qui devant entrer en Boheme, cantonnoient sur les frontiéres de la Saxe dans un circuit de deux journées en Diametre. Ce n'étoient donc pas nos Ennemis. Cependant ils ont tort de nous contredire, parceque nous voïons quelque chose autour de nous ; un éclat, dangereux, un armement réel énorme, comme il s'est manifesté.

ARRANGEMENT. A cause de l'élegance de ce mot, nous nous en servons pour nous mêmes dans notre Politique ; par exemple *des arrangements innocens* ; des arrangemens conformes aux *regles d'une sage prévoïance* Si les suites en sont nuisibles à quelcun, & qu'il s'en plaigne, alors nous créons un *malheur du tems*, & lui repondons par nôtre *raison de guerre.* Par exemple, dans l'article separé du Traité de Neutralité avec la Grande Bretagne, notre Politique montra pour ainsi dire du doigt, à la Cour de France, le lieu vers lequel nous voulions bien que la guerre se tournât : Mais je ne sais pas pourquoi cette Cour n'a pas voulu l'entendre. C'étoit là un arrangement prudent que nous fimes, mais innocent. La requisition pour le passage après que nos troupes furent entrées dans la Saxe, est un arrangement conforme aux *regles de la prévoïance.* Le prétexte d'estime personelle pour ce Prince qui ne nous avoit en rien offensé, étoit un *arrangement pacifique.* Deposer le Con-

Conſeil privé, lever des Contributions, forcer les Archives, vuider les Arſenaux, & d'autres violences, ſont des arrangements faits pour la propre ſureté, conformement au *malheur du tems.* Il en eſt de même de tous les autres que nous faiſons, & de leurs épithetes. Si au contraire on ſe ſert de ce mot envers la partie ennemie, on les appelle toujours des *arrangemens malicieux*, *honteux*, *abominables*, *pernicieux*, *violants la paix* &c.

ARRANGER. Vient d'Arrangement, & s'entend de même.

ARROGANCE. C'eſt une manière hautaine que nous attribuons à nos Adverſaires. Leurs explications laconiques, leurs plaintes de ce qu'en certains cas notre moderation ne permettoit pas de remplir quelques articles de la Paix de Dresde, c'eſt un ſtile arrogant qu'ils s'approprient injuſtement. L'arrogance eſt auſſi une bravade, le plus haut degré de l'orgueil.

AR-

ARTIFICES. Se dit des coupeurs de bourſe, ou des Adminiſtrateurs qui dans leur adminiſtration ſe mécontent à deſſein. Mais nous nous en ſervons auſſi pour marquer qu'une Cour de Juſtice, une Chancellerie, qui n'a pas des fonds, ou de l'argent en adminiſtration, eſt partiale. Nous diſons, par exemple: Les *artifices venimeux* du Conſeil aulique Imperial quand il procede ſelon les loix & les coutumes de l'Empire contre les hoſtilités que nous exerçons dans l'Empire ſans violer la paix. Quoique venimeux ſoit un épithete qui ne s'accorde guère avec Artifice, & qu'on ne ſache ce qu'ils veulent dire enſemble; nous ſommes obligés d'allonger les propoſitions par des epithetes inconvenables & des rien diſans, pour éviter les demonſtrations dans un Ecrit, ou pour impatienter le lecteur, l'écrivain & l'auditeur par un *Volume* de 15. feuilles. Le Conſeil aulique Impl. que pretend-il preferablement à l'Empereur, que nous accuſons rondement de partialité dans nos Ecrits? Nous ne voulons pas obeïr; nous voulons juger, ſans être jugés de perſonne: Prerogative, que notre Politique Militaire s'eſt acquiſe. C'eſt par elle que nous eſperons faire réuſſir nos efforts pour la paix, ſuivant la Maxime des bras & des Jambes caſſées.

ASSISTANCE. Suivant nos Regles politiques modernes, on peut la donner à quelcun, quoiqu'on ait promis peu auparavant dans le Traité le plus ſolemnel, de ne lui en point donner, ſous quelque pretexte que ce ſoit. Les adverſaires de nos maximes Politiques prennent cela pour une violation de paix. Auſſi le ſeroit-ce, ſi nous n'eſperions pas d'acquerir par ce moïen deux ou trois Cercles du païs voiſin, qui feroient un fort bon arrondiſſement de nos frontieres. C'eſt pourquoi j'établirai dans mon *Corps de droit Politique*, le titre du Droit d'*Arrondiſſement* accollé de celui de *Convenance*. Sur ma parole nous pouvons hardiment uſer de ce Droit par avance, dans nos prétentions d'Etat.

ATTAQUE. *Attaquer*. Comme aggreſſion, *aggreſſer*.

ATTENTATS. Ce ſont les entrepriſes arrogantes de nos adverſaires : il faut toujours les accompagner d'épithetes outrageants, comme nous faiſons.

B—C.

BASSESSE, nous l'attribuons par civilité à nos adverſaires, pour nous donner à nous mêmes le relief d'une generoſité d'autant plus rémarquable. Nous diſons, p. e, *des moïens bas* pour ſe defendre, ou pour agir offenſivement; les notres au contraire ſont *pacifiques* & *ſuffiſans*.

BATTERIES. C'eſt une expreſſion valeureuſe. Chaque homme de guerre en connoit l'uſage & l'effet, & comment on peut les diriger vers un coté ou vers l'autre. Le rapport qu'elles ont aux deſſeins politiques, eſt cauſe qu'on dit avec une élegance militaire: *Une telle Cour a dirigé les batteries de ſes deſſeins vers cet endroit, ou ce païs*. Il eſt bon de montrer quelquefois par ſon langage militaire, qu'on eſt homme de guerre: La peur ſouvent effectue plus que la meilleure demonſtration. Une forte & bonne Artillerie, une Armée aux frontiéres, & en état d'écraſer le contradicteur, ſouffre moins d'oppoſition que le meilleur Silogisme en *Barbara*.

BIEN DU PAÏS. Par là nous entendons ſur tout, qu'un Païs ne reçoive aucun dechèt, ni ne ſoit embarraſſé, juſqu'à ce que la paix generale ſoit établie par nos efforts. Tout ce que les adverſaires nous ont reproché, eſt donc pour *leur propre bien*, en cas qu'ils ne veuillent par accepter la paix generale que nous voulons leur dicter. Celui qui malgré cela ne veut pas l'accepter, ni ſe laiſſer tirer d'embarras, par l'avis ou la pre-

 miere

miere menace que nous lui faisons, son Pays est pris aussitôt par nous en *Depôt sacré.* Le Luxe causa le Dechèt du puissant Empire des Perses; ôter cette pierre d'achoppement à un païs, c'est le plus seur moïen de le sauver. Non seulement la Saxe est tombée dans ce cas, mais elle s'est aussi attiré par son Commerce & sa prospérité, l'envie & la haine de son voisin plus puissant qu'elle. Cependant, tandis que nous sommes offensés, par un Traité defensif que nous la soupçonnons d'avoir fait avec l'Autriche, nous donnons au monde un exemple de notre generosité, en faisant qu'après l'avoir pris en nôtre *Depôt Sacré*, personne n'ait plus sujet d'envier son Lustre à l'avenir, comme on l'avoit fait jusqu'à ce jour. Nous avons d'abord emporté le superflu. Mais cela suffiroit-il, si après avoir enlevé le Depôt, les sujets accoquinés revenoient à leur ancienne splendeur? La chose est bien possible; notre politique en connoit les sources: Le Commerce, les foires de Leipzig ammément les Richesses & les font continuellement circuler; de là, l'affluence & la splendeur de ce Pays. Chez nous rien ne reluit tant que les fusils bien polis. Bouchons donc ou detournons ailleurs cette source, en ruinant les marchands, & en empêchant par la crainte qu'il ne s'en établisse de nouveaux. Privons les Nobles de leurs biens fonds, retranchons leurs gages; quand ils ne pourront plus acheter, la prospérité du Commerce se detournera d'elle même. La Morale, qui d'ordinaire est le panegyriste de

la

la pauvreté, nous rendra témoignage, qu'ayant mis la Saxe dans cet état, les citoyens apprendront par là à se contenter de peu. Leur Reine Elle même a prouvé, combien peu il faut pour l'entretien & le service du corps humain d'un Monarque : & c'est nous qui les rendrons ainsi Philosophes malgré eux. Voilà ce qui s'appelle avoir soin du Bien d'un Païs.

BLÂME. Est mieux dit, que deshonneur, ignominie. De là viennent les mots, *blâmer*, *blâmable*. Un homme d'Etat doit principalement regler ses démarches de sorte, qu'il ne devienne jamais blamable. C'est pourquoi l'on s'écrie toujours ou verbalement ou dans ses Ecrits, avoir été forcé de faire telle ou telle chose, pour éviter le *blâme*. Dès-lors on n'ôse plus le *blâmer*, quoique l'action en elle même eut sans cette précaution rendu *blâmable* celui qui l'a faite.

BROUILLER, *se Brouiller*. C'est-à-dire : mettre, ou être en discorde. Brouiller quelcun avec un autre, c'est les mettre ensemble en inimitié. L'esprit mutin dont il sera parlé, la memoire trop bonne, les précautions de ceux, qui ne veulent pas se laisser écraser par nôtre modestie connue, ont un rapport immediat à cette opération; il en est de même des préparatifs, de la vigilance contre nos démarches innocentes, & enfin de l'attente des moyens que nous devons prendre, telles que notre gloire & notre dignité l'exigent; moyens que nos adversaires peuvent faire passer pour offenfifs, & mettre tout le monde contre nous. Nous appellons cela, ſe brouiller publiquement peu-à-peu. Qui auroit cru, que nos adverſaires fuſſent ſi ruſés ? C'eſt un mauvais tour qu'ils nous jouent en cela. Le mieux ſeroit de ſe tenir tranquille comme les autres pour parer le coup; mais notre convenance ne le permet pas. Il faut être bien habile, pour avoir toujours Raiſon comme nous; car graces à nôtre éloquence Politique, rien ne lui demeure impoſſible. Nous ſommes les Carteſiens en matière de Politique, dont les loix de mouvement n'admettent, & n'ont point non plus de vuide.

C.

CALOMNIATEUR. Comme nous jugeons neceſſaire, de nommer *Calomnie* ce que nous nions, nous appellons auſſi nos adverſaires *Calomniateurs*. Si au contraire ils faiſoient la même choſe à nôtre égard, c'eſt à nous de le prendre fort mauvais.

CALOMNIES. Nous en accuſons toujours nos adverſaires, quand ils oſent dire ſur notre ſujet des choſes qui nous deplaiſent: Et cela eſt juſte, C'eſt le ſort de tous ceux qui ſe mêlent d'écrire l'hiſtoire ou la vie des perſonnes encore vivantes. Pourquoi ces ſots ne s'érigent-ils pas en Panegiriſtes? on ne les liroit pas, mais auſſi les laiſſeroit-on en repos. Il ne reſte d'autre moyen à un Politique, qui s'entend reprocher des verités déſagréables (1) que de les nier, (2) de ſe montrer fort ſenſible à cette Calomnie,

nie, (3) de les énerver, en louant soi-même la pureté de ses sentiments, en rendant le fait presqu'impossible aux yeux du monde, & s'il est besoin d'en prendre Dieu à témoin par mille sermens: C'est surtout en ce point qu'abonde la richesse de la langue Politique, par la quantité de termes & d'épithetes analogues à cette même signification, source inépuisable de manières de se récrier avec tant d'énergie contre les accusations, qu'elle tient souvent lieu des plus fortes preuves. Introduisons, p. e., un Saxon qui nous fait des reproches, & faisons lui nos reponses.

„ Lorsque nous étions vos alliés, dit le Sa-„ xon, vous nous avez regardés avec or-„ gueil & avec mépris; & nous étions pres-„ que comme vos esclaves". *Calomnie ouverte!*

„ Lorsque vous entriez en Moravie sous „ assurance d'amitié, & que vous prenniez „ Olmutz avec les meilleurs Cercles, con-„ tre la Capitulation, ne nous laissiez-vous „ pas souffrir dans les environs d'Iglau & „ de Znaym? Sur les plaintes que nous fi-„ mes de cette inégalité, n'eumes-nous pas „ pour reponse; *que si nous n'en étions pas* „ *contens, nous devions prendre Brinn*, qui „ étoit alors la seule forteresse considéra-„ ble des Autrichiens, contre laquelle les „ Saxons ne pouvoient qu'échouer; & la „ moitié des troupes ne fut-elle pas enle-„ vée par la disette & les maladies" *Pure* „ *invention!*

„ N'avez vous pas fait la paix pour nous „ sans notre consentement, sans vous sou-„ cier de nos prétensions, parceque vous

 „ aviez

„ aviez ce que vous vouliez ? & ne nous
„ menaciez-vous pas même de nous atta-
„ quer, ſi nous n'acceptions pas votre con-
„ cluſion ". Ah ! *quelle accuſation des plus*
„ *ameres & des plus fauſſes !*

Il ne faut pas entreprendre de refuter les reproches de nos adverſaires; cela ne ſerviroit de rien, le public ne nous en croiroit plus, on ne feroit que rappeller à nos adverſaires le ſouvenir de certaines bagatelles, qui ne tourneroient pas à notre avantage ; les gens d'âge, comme le vieux Neſtor de la Grece, cherchent toujours avidement les occaſions de pouvoir raconter: Leur maudite Mémoire nous cauſe ſouvent du chagrin ; gardons-nous de les mettre ſur le chapitre des bienfaits, & de nôtre nouvelle hiſtoire, ils ne finiroient pas, & nous ne ſerions plus écoutés.

CATÉGORIQUE. Cet épithéte ſe joint aux Mots *Explication*, ou *Reponſe*. Quelquefois on les appelle auſſi, *poſitives*. La ſignification de chacun de ces mots, eſt differente de celle de ces deux, *expreſſément*, *en termes exprés*. Ce dernier ne veut dire autre choſe, ſi non qu'il faut que la réponſe s'accorde avec la demande, & que celui à qui on a demandé, réponde diſtinctement & clairement. Nous aurions dû prendre pour une explication de ce genre celle de l'Imperatrice Reine à la demande de Klinggräf. Il vouloit ſavoir, à quoi aboutiſſoient les précautions militaires que prenoit cette Cour. Nous appellions préparatifs de Guerre la conjonction de quel-

ques

ques Regimens trop dispersés, & les travaux pour finir une forteresse, à la construction de la quelle on avoit déja travaillé plusieurs années. Klinggräf eut ordre de demander une Reponse catégorique, si ces mouvemens & ces opérations ne nous avoient pas pour objet? La reponse fut: „ que les mesures de Sa Majesté Imperiale „ & Royale n'avoient d'autre objet que sa „ seureté, & la defense de ses alliés; & „ que du reste, elles n'aboutissoient au pre„ judice de personne, qui que ce put être". Cela semble être assez expressif; ce „ *qui* „ *que ce put être*" & nous comprenoit sans doute aussi dans l'asseurance donnée de ne vouloir attaquer personne. Il sembloit donc qu'il ne nous restoit plus rien à faire, que d'accepter le parti de ne pas attaquer, pour ne pas donner lieu de se defendre. Mais les mots de *Categorique* & de *positif*, ayant été réçus dans notre langage Politique dans une signification particuliere, nous étions en droit de demander, même avec menace, à qui que ce fut, de nous repondre en termes tels que nous les lui préscrivions: C'est aussi ce que nous fimes, par une deuxieme demande; car selon nos loix, la reponse doit être positive & Catégorique, pour que nous la reconnoissions suffisante. Il y a plus: si l'on nous eût répondu dans les termes prescrits, nous aurions pourtant été en droit de revenir encore une troisiéme fois à la charge, pour regler & determiner le ton de voix de la Princesse qui faisoit la reponse. C'est pourquoi un Am-

 bas-

baſſadeur, qui, comme le ſouſſigné, propoſe à quelque Roi un pareil memoire, ou plûtôt un interrogatoire juridique Politique, devroit prendre avec ſoi dans la ſale d'Audience un maitre de Muſique, qui marquât ſur un Claveſſin ou des Orgues au Souverain interrogé, le ton de voix pour chaque ſillabe. En effet l'élevation ou l'abbaiſement de la voix pourroit auſſi cacher quelque nouvelle ſignification, & cauſer des doutes. Si un Prince ou Roi ne veut pas accepter ces loix pour propoſer ou repondre, on doit rejetter ſon explication comme obſcure & trop laconique, l'accuſer d'arrogance, & même l'en punir ſans être ſenſé violer la paix, parceque la propre ſeureté & la gloire exigent de le punir malgré qu'on en ait *ſelon la Convenance ou par un malheur du tems*, ſur tout quand on tient déja ſes forces préparées pour cet effet.

CHICANES. On appelle ainſi en François les tours d'addreſſe, les allégations, les objections des Procureurs ruſés, pour êblouïr le Juge & tirer un procès ou une facheuſe affaire en longueur. Il en eſt de même des allégations des loix, que les écrivains de la partie adverſe oppoſent à notre *Depôt Sacré*. Ce n'eſt que pure chicane. Ces gens ſavent-ils bien ce que c'eſt qu'un *Depôt Militaire Politique?* c'eſt à quoi, je jure, que ni eux, ni leur legiſlateur n'ont jamais penſé. Savent-ils bien ſi nous le regardons réellement comme un Depôt, & jusqu'à quand nous le regarderons comme tel? Un Politique n'eſt pas obligé de dire ouvertement

ce

ce qu'il penſe. Ils devroient nous remercier, de ce que par cette dénomination nous leur avons laiſſé encore pour un tems quelque eſperance de le ravoir de bon gré. Laiſſons leur encore quelque tems cette eſperance; Nous ſommes capables & nous ne tarderons peut-être guères à donner un autre nom à ce Depôt. Du reſte, voïez DEPÔT, ARRANGEMENS, CONDUITE, CONSERVATION, EFFORTS.

CONCERT, marque un conſentement de pluſieurs à quelque choſe; il eſt pris de la muſique. Nos principaux Politiques ſont *Diletanti*: C'eſt pourquoi ils ont adopté ce mot dans la Politique. Mais les alliances defenſives de nos adverſaires ſont de mechants Concerts d'Alliances offenſives, qui font un ſon inſupportable à nos oreilles.

CONCERTER: C'eſt à-dire, convenir enſemble, de la maniere dont on veut agir de concert, pour ſe défendre mutuellement en cas d'être aſſailli. Se peut-il quelque choſe de plus fâcheux & de plus contraire à notre Politique, que de concerter ainſi?

CONCILIATION. De là vient reconciliation, qui marque une deuxieme Conciliation. Nous l'étendrons, pour pouvoir dire en cas de beſoin *re ré ré Conciliation*.

CONCOURIR. Puiſque nous n'entreprennons jamais rien par une ſeule raiſon, mais que toujours il y a un concours de pluſieurs, qui nous determine, nous avons coutume d'alleguer, que nous y avons été obligés par un concours de motifs les plus preſſans. Sous ces motifs nous entendons la *Raiſon de guerre en tems de paix*; *les mesures pour la seureté*; *la consideration de la dignité & de la gloire* &c., dont il est parlé en leur lieu.

COMPLOTS: On dit: des Complots tramés ou forgés. La premiere sorte est plus fine, & l'autre plus grossiere. La comparaison prise d'un forgeron à une maquerelle, fait au premier abord connoitre toute la différence. Le bruit des marteaux est plus fort que le sifflément des vieilles; & pourtant ce dernier s'étend plus loin que le premier. Néanmoins comme l'on peut forger en cachette, on peut aussi se servir de l'un ou de l'autre de ces deux épithétes avec le mot complot. Tout ce que nos voisins font entre eux d'alliances ou d'articles defensifs, sont des complots contre nous; car si nous les leurs permettions, de qui auroient-ils rien à craindre? Le plus habile & le plus fort aura toujours raison en prennant ces moyens de se defendre pour une offense qu'on lui fait. Un voisin, quoiqu'il n'ait pas encore resolu d'entrer dans un pareil Complot, est pourtant regardé, comme y ayant part; donc, suivant les regles de *Convenance*, *de Raison de guerre*, & *du malheur du tems*, un habile Politique l'écrasera avant même que d'attaquer les autres; & envahissant le Pays sous le titre de Depositaire sacré, on se met hors de danger d'être traversé dans ses desseins ultérieurs, & l'on détruit par là d'avance le Complot qu'on suppose à ceux qui naturellement doivent vouloir s'opposer à ce Dessein.

COMPORTEMENT. Il s'entend du nôtre aussi-bien que du comportement Politique de nos adversaires. Le leur envers nous, comme l'on l'on fait, eſt toujours ennemi: Le notre au contraire envers les autres eſt desintereſſé, ami, & ainſi qu'il appartient à un voiſin tel que nous. Nôtre Depôt Sacré en Saxe, où nous n'avons point cherché d'intérêt, en fait foi. La prudence, la raiſon de guerre exigent, qu'en tems de guerre on faſſe proviſion de vivres pour les troupes, de completer toujours ou même d'augmenter ſes troupes; Il faut du bois; des beſtiaux, des armures, des corvées, des voitures de ſervice, des grains, de l'argent, des hommes. Mais qu'eſt ce que tout cela? Et cependant nous ne prennons rien autre choſe de notre Depôt Sacré: c'eſt un Calomniateur qui dit, que jusqu'à preſent nous avons démandé d'avantage en Saxe; la fauſſeté des imputations les plus odieuſes eſt trop manifeſtée. Notre Politique ſauve la conſcience, la tient nette, & peut s'expoſer hardiment aux yeux de tout le monde. Les ſentiments pacifiques, la moderation nous ſont propres. Il eſt donc juſte, que nous gardions ces expreſſions pour nous ſeuls. Quoiqu'il puiſſe nous en couter, notre *Depôt Sacré* repare tout.

Conscience, bonne conſcience. On dit qu'elle donne à un pécheur non endurci, malgré qu'il en ait, un ſouvenir mêlé de trouble & d'inquietude, au ſujet du mal & des fautes qu'il a fait. C'eſt ce qui s'appelle mauvaiſe conſcience. Celui au contraire, à qui elle ne reproche rien, a donc une bonne conſcience. De là il paroît évidemment, que ſes reproches doivent differer beaucoup, ſelon les devoirs, l'éducation, & l'inl'intelligence qu'on a des loix. La Conſcience d'un homme d'Etat, ſe formera donc ſur les inſtructions qu'il a reçu. Je crois, qu'aucun de nos Politiques ne negligera jamais rien dans la pratique de nôtre doctrine, ſouvent mentionnée; dans les efforts, par exemple, pour la paix, ſuivant la théſe de rompre les bras & jambes &c. C'eſt auſſi, pourquoi nos auteurs appuïent ſi hardiment ſur leur bonne Conſcience.

CONSERVATION. Par exemple, La conſervation de la gloire & de la dignité, un des plus preſſants motifs à nos demarches très innocentes. Cette conſervation eſt obſervée, en ce que nous tenons ſur pié un nombre de troupes beaucoup plus grand que le païs que nous poſſedons ne ſemble pouvoir ſoutenir, & que nous les poſtons en tems de paix de façon, qu'elles ſe trouvent toutes prêtes à marcher tout d'un coup ſur les frontières de nos voiſins, & en ſorte, qu'aucun n'eſt aſſeuré de ne pas nous voir dans le Cœur de ſes Etats en moins de huit jours. Cette poſition, qui donne du Relief à nôtre gloire & à nôtre dignité, nous engage à jetter dès la jeuneſſe au cou de tous les ſujets une corde militaire, & à les forcer au ſervice; à ruiner même la Nobleſſe, afin que la neceſſité l'oblige à ſubir le même joug. On recherche auſſi la permiſſion de faire des levées dans les autres païs, & on les y fait par force ſi le Prince n'y conſent pas: La Conſervation de nôtre gloire demande auſſi, de les y faire en cachete, d'y ſeduire ſes ſoldats,

dats, ſes ſujets, qui lui ont prêté ſerment, ſoit Ecleſiaſtiques ou ſeculiérs, qui ont la taille aſſez grande. Si ceux qu'on envoïe pour cet effet ſont decouverts, pris & même condamnés quelquesfois à être perdus; nôtre dignité ne permet pas de demander leur liberté: ils ſont heureux de mourir pour la conſervation de nôtre gloire. On capitule bien avec quelques-uns pour un certain tems; mais nôtre gloire defend de les laiſſer libres au bout de ce terme. Voilà le (1) fondement de nôtre Dignité. L'autorité de notre Politique ne ſe ſoutiendroit pas ſans 200000. hommes, & ne ſeroit tout au plus qu'égale à celle des voiſins. Ce premier moïen de conſervation une fois bien établi, les autres en découlent & ſont aiſés. (2) Nôtre Politique ayant un fondement militaire, & le Militaire ne ſe ſoutenant que par le Politique, & l'Epargne, on augmente les finances en exigeant des impôts extraordinaires des biens Ecleſiaſtiques, dans les païs même où l'on avoit promis de laiſſer le *Statum quo.* Les petits eſprits appellent la Timidité, compaſſion, juſtice, charité; Un Politique militaire n'eſt pas ſujet à ce defaut. La conſervation de nôtre dignité nous obligeant à nourir une Armée ſi formidable, & les anciens païs étant tout épuiſés, les nouveaux doivent d'autant plus y contribuer: quand on ne prend pas la ſubſiſtance & les reſſources pour les autres beſoins de la vie où elles ſe trouvent, on ne les aura jamais. Le Treſor Roial attire tout à ſoi, ſans en donner à perſonne autant, qu'il en puiſſe prendre quelque force: nôtre Armée a la plus gran-

grande part à ce que nous depensons, mais chaque individu en a si peu en particulier, que la faim l'excite continuellement à la valeur; nous apprennons cette regle des bêtes sauvages, qui n'attaquent jamais plus vivement que quand elles ont l'estomac vuide. Après les gens de guerre, les gens de Cour ont aussi leur part mais très petite à nos depenses: moins on leur donne, moindre est le nombre des personnes considerables qui cherchent de semblables services. Cela est avantageux. Entre les personnes de la première qualité & trop riches, il y en a qui ont une manière de penser trop antique, trop differente de nôtre Politique; leur morale fait difficulté de se resoudre à de certaines demarches, quoique d'un trés grand profit. Les nouveaux Grands au contraire, & ceux qui sont pauvres, approuvent tout, s'accommodent à tout, & sont contents de tout. (3) La conservation de notre Gloire & Dignité demande, de ne jamais donner satisfaction aux voisins de leurs griefs; mais de la demander de tout ce que nous nous avisons d'ériger en injure, lésion ou dommage (4) De ne point réconnoitre pour legitime l'execution de l'office du Juge supreme, même à l'égard des pays que l'on ne possede qu'à homage; mais se plaindre hautement d'un procedé si despotique: bouffir les jouës n'est pas un acte d'orgeuil; c'est se donner pour un tems un air replet & potelé. (5) De demander raison à un voisin des mesures qu'il prend pour la défense de ses païs, & de ne point se contenter sans une reponse positive suivant nos Regles Catégoriques. Voïez *Catégorique*. (6) De le punir s'il la refu-

refuse. (7) De ne pas demander le paſſage par un païs voiſin, qu'après y être entré, ou du moins entrer avant d'en avoir obtenu la permiſſion. (8) De ne pas accepter la neutralité de ſon meilleur ami ; il vaut mieux pour faciliter la ſubſiſtance de l'Armée, prendre ſon païs en Depôt. (9). D'y commettre tout ce à quoi nôtre raiſon de guerre en tems de paix, le malheur du tems, les regles de convenance, la conſervation de la Gloire & de la dignité nous autoriſent, vis-à-vis même d'un Depôt Sacré.

CONSIDERATIONS. Nous ne transgreſſons jamais celle que les Souverains ſe doivent l'un l'autre ; mais cette transgreſſion eſt familière à nos adverſaires. Voyez *Decorum*.

CONSILIA. Il eſt beau de varier, c'eſt pourquoi on mêle quelquefois une terminaiſon latine, & pour montrer en même tems, qu'on n'a point dérogé au reſpect dû au Gymnaſe.

CONSPIRATIONS. C'eſt autant que Complots. Nos adverſaires nous accuſent d'incivilité à cauſe de cette expreſſion, parceque ce mot ne s'entend que des ſujets rebelles qui conſpirent contre leurs ſuperieurs. Mais il faut conſiderer premièrement, que nous commençons une Politique toute nouvelle, conſéquenment differente de celle qui a précedé, & que nous prétendons néanmoins faire reconnoitre pour bonne & valable. Il nous eſt donc permis, comme auteurs de cette doctrine, d'introduire non ſeulement de nouveaux termes ; mais auſſi, de donner aux vieux que nous retenons, la ſignification que nous voulons leur faire avoir. En deuxieme lieu, les alliances defenſives, pour pourvoir mutuellement à ſa ſeureté, étant contraires aux prérogatives que nôtre Politique martiale s'arroge, & tendant à nous empêcher d'en exercer les droits, nous les régardons avec juſtice comme des Conſpirations, & des Ligues, que font des membres inferieurs contre leur chef

chef. Si les voiſins nous denient ce nom, nous ne demordrons pas du fond de la choſe, tant que nous aurons 160. ou 200000. hommes ſur pied. Ces ſont là les fondements des nouvelles demarches Politiques, & la fortune fera le reſte.

CONTRAVENTION : ſavoir contre les loix & les Traités. Les ignorans nous en accuſent ſouvent; mais ils ne ſavent ni peuvent ſeulement imaginer les explications que nous avons l'addreſſe de donner à ces articles. Des Eſprits forts n'ont que faire de ſe géner quand ils peuvent donner arbitrairement des explications Politiques. Quoiqu'en diſent les oppoſans, on les accuſe eux mêmes de *Calomnie*, & on continue de faire ce que demande la *dignité* d'un Politique militaire.

CONVAINCRE. Nous nous moquons de quiconque oſera nous menacer d'y parvenir. Nier conſtamment, & ſe plaindre comme nous faiſons de torts pretendus, c'eſt-à-dire parmi nous, reconnus, renverſe generalement tout; L'innocence dont nous nous vantons, les aſſeurances hardies de nos ſentiments pacifiques, de nôtre moderation publiée par tout, convaincront toujours le public que nos adverſaires ſont les coupables; de ſorte que nous n'avons nul beſoin d'autre preuve. Nos adverſaires ſe donnent bien plus de peine pour prouver, contre nous, que nous pour les réfuter. Il s'en ſuit donc, clairement, que nous avons raiſon. Nous ne ſoutenons gueres nos accuſations; au lieu que les autres alleguent & analiſent tous nos Traités : ce qui marque manifeſtement qu'ils réconnoiſſent leur tort eux mêmes. N'eſt ce donc pas avec juſtice que nous les prennons pour convaincus?

CRIALLERIES : Une très belle expreſſion, qui mérite que les Allemans la naturaliſent dans leurs écrits Politiques. P*** s'en ſert avec avantage. Il épargne les refutations, & coupe le nœud Gordien qu'il ne ſauroit dénouer. Qui eſt-ce après ce coup qui ajoutera encore foi aux plaintes?

D.

ALPHABETH POLITIQUE,

D.

DANGEREUX, se joint aux mots: *Desseins*, *complots*, *conspirations* &c. il convient sur tout aux Demarches defensives de nos adversaires.

DÉCLARATION. C'est faire connoitre ou exprimer de son propre mouvement, son intention sur une chose : on l'appelle aussi *Reponse*, si elle se fait à la demande d'autrui. Nous autres Politiques divisons l'une & l'autres en *Categorique*, *Positive* & *Laconique* ; c'est-à-dire, qu'elles sont données d'une maniere hautaine, pleine d'arrogance, & peu intelligible.

DECORUM. C'est une certaine bienséance que les Souverains observent entre eux, même en tems de guerre. Elle a été reconnue d'autant plus necessaire, qu'elle contribue à tenir les sujets dans le respect. Nos Regles de Politique l'approuvent, de même que font nos Adversaires; mais nous differons d'eux sur ce, en quoi consiste cette bienséance. Car nous nous vantons, comme de raison, de n'avoir jamais negligé le *Decorum*, & nous accusons en même tems nos adversaires de le négliger, & de donner les couleurs les plus odieuses à nôtre façon d'agir, peut-être un peu dégagée de l'Urbanité. Sans doute qu'il y a quelque difference entre les idées qu'on se fait d'un même mot ; la decouverte de l'erreur où l'on pouvoit être sur ce cas, nous lavera de tout reproche de grossiereté : 60000. hommes se laisseront-ils refuser le passage ? Nous savions bien que la Saxe nous l'accorderoit, c'est pourquoi nous n'attendimes pas une réponse superflue, puisqu'elle ne pouvoit pas manquer : & néanmoins nous l'avons demandé lorsque nous étions en marche, uniquement pour observer le *Decorum.* Nous n'étions pas contents de la Declaration laconique & hautaine de la Cour de Vienne ; nous en demandames donc une deuxieme, & enfin une troisième, lorsque nos troupes étoient en marche. Quoique nôtre Resolution fut déja prise avant la première declaration, nous avons à la deuxieme demande fait menacer poliment sa Majesté l'Imperatrice Reine. N'est ce pas là, *innocence*, *moderation*, *Decorum?* On permit même à nôtre très cher frere le Roi de Pologne à Königstein quelques bonbons, s'entend du sien propre. Nous voulumes qu'il se traitât de son mieux, & en Roi, pendant que nous ferions mourir ses troupes de faim : peut-on jamais mieux observer le *Decorum?* Nos officiers même l'ont mieux observé quelque fois, que certains Princes : Celui p. e., qui avoit l'ordre de demander les Cléfs des Archives, ou d'ouvrir la porte par force, voyant la Reine postée devant cette porte, se sentit d'abord de la repugnance à l'en écarter, au lieu que suivant son ordre, il auroit pû la prendre par le bras pour lui faire abandonner cette pla-

place. Ce guerrier, quoiqu'il ne fut pas Politique, n'a-t-il pas réconnu la Majesté? n'a-t-il pas hésité d'exécuter son ordre de *Decorum?* Nous aurions mieux aimé voir la Reine hors du païs, & pourtant nous la souffrions pour l'amour du *Decorum.* La diminution de la depense d'une Cour pour ainsi dire deposée, la mediocre subsistance qu'on lui accorda, le païement des lettres de change, que des Cours étrangères lui envoierent, suspendu & ne pouvant avoir lieu que par nos Ordres, tout cela ne demontre t'il pas le soin que l'on a eu de menager ses bons amis, & de conserver la santé de la Maison Royale? c'est ce qui non seulement est Decorum, mais de plus estime personelle & amitié. Un autre témoignage de ces mêmes sentimens, est que l'on s'opposa au commerce de lettres de la Reine avec son Epoux en Pologne; de quoi servoit à ces Ames tendres le souvenir de leur séparation, qu'à la leur rendre plus sensible? ne faut-il pas ôter autant qu'il est possible, tout sujet de tristesse à ces Personnes Augustes? qui poussera donc plus loin l'observation du *Decorum*? Néanmoins il y a aujourd'hui grand nombre de mal instruits ou des mal intentionnés, qui expliquent mal cette conduite noble, généreuse & plus que polie, comme si nous n'avions pas satisfait à nos promesses, ni à l'amitié, ni à l'estime personelle duë aux Souverains Mais, quel aveugle jugement ne fait pas la partialité? Laissons les parler, nous pouvons nous

 mo-

moquer d'eux, retranchés comme nous le sommes derrière le Cordon de nôtre équité. Qu'ils nous y poursuivent & redoublent d'efforts pour nous en chasser; ils trouveront ce qu'ils ne cherchoient pas, un Arsenal complet de Politique.

C'est aussi injustement qu'on blâme nôtre stile comme contraire au *Decorum*. Nôtre langage Politique militaire a reçu generalement ces expressions : *Complots*, *conspirations horribles*, *Effronteries*, *Rodomontades*, *Criälleries*. On en emploie même à notre Cour d'encore plus fortes, sans qu'on pense blesser la civilité; par consequent, nous ne l'avons non plus blessée en aucune maniere dans nos Ecrits. Celui qui s'est servi le premier & le plus frequemment de semblables expressions, c'est notre P***; cela suffit: & nous indiquons en plusieurs endroits les *motifs les plus pressants* qui obligent notre éloquence Politique à cet ornement de Stile

DEFENSIF, de même qu'OFFENSIF, paroissent assez clairs; aussi le sont ils: Mais je soutiens hardiment, qu'il y ait peu ou peut-être point du tout d'Alliances defensives, que nous ne prennions avec raison pour offensives. Je donne cette proposition pour un axiome à tous nos Politiques. Ils en reconnoitront bientôt l'utilité, quand ils trouveront que par ce moyen ils auront toujours un prétexte de se plaindre d'offense. Car quoique toutes les maniéres usitées de se defendre soient d'une nature à ne pas nous

nous offenser, je prétends que se retirer, fuïr, prier, sont les vrais, les seuls moyens defensifs contre nous. Parconsequent, p. e. si l'Autriche & la Russie, auroient dû mutuellement s'engager, non *de se defendre en cas que leur héroïque voisin* formât des prétentions sur quelqu'une de leurs Provinces, ou qu'il *attaquât l'une ou l'autre*; mais que la partie attaquée se retireroit aussitôt, abandonnant la Province à l'aggresseur, pour ne pas donner occasion à une effusion de sang en tenant tête au dit Voisin; & que cependant l'autre partie alliée s'interposeroit par des propositions d'accomodement, priant le Roi de partager avec l'ancien possesseur ce qu'il auroit pris; ou du moins, de s'en contenter pour cette fois; & de ne pas en pretendre d'avantage, pour un tems: Voilà, la seule Alliance qui ne seroit pas offensive envers nous. L'humilité ne nous offense pas; mais où trouve-t-on aujourd'hui cette humanité chez les hommes, enflés comme ils sont d'orgueil?

Une autre espece d'*Alliance défensive*, comme les ignorans l'appellent, seroit telle qu'on les voit aux salles d'armes: où, l'un appuïé contre une muraille pare les coups d'un autre vis-à vis de lui, sans porter aucun coup lui même. Une telle défense seroit honteuse pour nous, car dans nos affaires d'Etat il y va de notre Gloire ainsi que de notre avantage, que nos coups portent. Une autre considération c'est, que dans la Grand Salle d'armes des Princes de ce temps pervers, on lance à coups de fusils & de Canon des feux qu'on ne sauroit parer, & qu'on les tire aussi contre l'aggresseur. Il est aisé de comprendre, qu'une pareille défense nous doit offenser, & que par consequent les Alliances *defensives* que veulent exécuter ceux qui en usent aussi vilainement, sont réellement *offensives*.

La troisieme sorte est la plus insuportable: c'est quand les deux Souverains qui entrent en alliance, se promettent de se défendre mutuellement, & de se jetter tous deux sur nous pour nous nuire, *en cas que nous attaquassions l'un d'eux*. Un pareil Traité defensif est la plus grande offense; ce sont des *conspirations*, des *complots*, des *machinations*, des *mistéres d'iniquité*. Notre sistême militaire, notre situation, nos plaintes continuelles, & la satisfaction que nous demandons par des Ecrits affichés, leur apprend suffisamment, que nous nous sommes mis dans la necessité d'entretenir nos troupes dans un païs étranger; que les raisons les plus pressantes, la conservation de notre gloire & de notre dignité, nous obligent à prendre malgré nous quelquechose sur nos Voisins. Peut on, sans nous offenser; concerter de s'opposer aux mesures *innocentes*, que nous prenons pour notre propre Conservation? C'est la plus grande offense, & il ne nous est pas permis de la laisser impunie.

DE-

DEMARCHES; pour dire, *Dispositions, reglements Politiques*. Toutes les notres sont innocentes; p. e., le *Dépôt Sacré* Toutes les demarches de nos adversaires sont méchantes, inouïes & offençantes, comme les Alliances defensives susmentionées.

DEMONSTRATIONS: Telles sont toutes nos leçons Politiques Ce mot signifie aussi, *témoignages*. Les notres sont toujours des demonstrations pleine d'amitié, innocentes moderées, louables. Les épithetes qu'il faut donner à celles de nos adversaires, s'entendent d'elles mêmes.

DEPÔT SACRÉ, *prendre ou donner quelque chose en garde*. On regarde communément comme un grand Crime la violation des loix d'un depôt; & la chose prise en depôt, est Sacrée, parceque on la donne en garde, sur la bonne foi, Judiciellement, ou sur asseurance jurée. Dans la Politique ce mot est nouveau, mais dans le sens que nous le prenons & selon nos regles, il est fort juste. On apprend par le notable exemple de l'Electorat de Saxe, que nous avons pris comme un Depôt Sacré, combien les Depôts, & par consequent, les loix des Dépôts, peuvent differer. Les *Adversaires*, qui y trouvent beaucoup à redire, sont fort partiaux, ou n'entendent pas cette difference. Ils disent que dans l'un & l'autre Droit on ne connoît d'autre Dépôt, si ce n'est celui qui a été confié à quelcun par les Magistrats, ou par le proprietaire; que suivant toutes les loix, le depoſitaire ne devoit pas l'emploïer à ſon uſage, encore moins l'endommager, ni le retenir malgré le Juge ou le proprietaire qui le lui ont donné en garde. Eu égard à tous ces cas, ils ne reconnoiſſent pas le notre pour un Dépôt; & ſi toutesfois c'en étoit un, ils prendroient l'uſage que nous en faiſons, pour une violation des droits les plus ſacrés. Auſſi auroient-ils raiſon, ſi nous étions ſous la Jurisdiction d'un Juge; le *Code Fridericien* même ſeroit pour eux: Mais le Droit Civil, ni Grotius, ni Puffendorf, ne font mention d'un Dépôt comme le notre; de leur tems obſcur on ne voïoit pas encore jusqu'où va *la raiſon de guerre en tems de paix.*

Nôtre Politique éclaire le monde étonné. Voulons-nous punir l'orgueil d'un voiſin ou d'un Ennemi? il faut l'attaquer d'un côté où il n'ait pas des frontiéres communes avec nous; par ce moïen ſes précautions de ce côté là deviennent inutiles; il ſe voit aſſailli de deux côtés, & eſt obligé de ſe partager. Cela s'appelle en agir prudemment. Soit qu'on nous permette le paſſage par l'Etat ſitué entre deux, ou que nous le prennions, en ami & en voiſin, cela ne ſuffit pas encore; Il nous faut auſſi une retraite aſſeurée en cas d'accident, des villes, des fortereſſes pour nous defendre, & qui ruïnées par un ſiége, ne portent point préjudice à nos propres Etats. L'Armée doit être païée, & entretenue de vivres, de récruës &c.; nous aurons tout cela en abondance,

dance, si nous prenons le païs de notre très cher ami & voisin, en *Dépôt Sacré Militaire.* Etant obligé de pourvoir à nôtre propre conservation, par conséquent nous sommes contraints, par les motifs les plus pressants, à nous en saisir. Cela est clair. Il n'est donc pas necessaire qu'un Dépôt Politique comme celui là, nous soit confié par le juge ou par le proprietaire; au contraire nous pouvons prendre, retenir le païs & en jouïr avec un droit bien plus étendu que si nous l'avions pris en Dépôt du Propriétaire lui-même. La Cour & le Ministère du Prince proprietaire sont désormais superflus, & les troupes du Prince deposé n'étant plus chargées du soin de defendre l'Etat, sont forcées par la faim à entrer dans le service du nouvel Administrateur. Le Depositaire se charge de tout; demolir des forteresses, en bâtir d'autres, cela s'entend de soi-même; pour cet effet, abbatre des bois, bruler des villages, raser, des batimens, des murailles, ruiner les jardins, sans excepter ceux du Prince, tout cela decoule naturellement du Dépôt Sacré Militaire. Ce seroit une grossiere faute de ne prendre que 60. millions dans quelques mois, si l'on peut en obtenir par force 80. Epuiser tous les trésors, vuider les arsenaux, enlever, ou fondre de nouveau tout ce que l'on y trouve, cela suit naturellement de nos Régles. C'en est une de la plus fine Politique, d'abbaisser l'alloi des monnoyes: car c'est ce qui appauvrit les gens, augmente les revenus & diminue la depenſe. Tout ce qui profite à l'Armée contribue auſſi au bien du païs; Regardant cette Loi comme ſainte, nous l'avons toujours exactement ſuivie: On ne ſauroit avoir plus de ſoin, de changer tout en argent & de le mettre à profit, & pourtant n'aura-t-on peut être pas encore ſatisfait à tout. Le Prince du païs reconnoîtra aiſement ſelon ſon équité, que nous ne ſommes pas obligés à reparer la perte qui en reſulte pour lui. Nous l'avons renvoyé au *malheur du tems*, il faut qu'il s'en contente; d'autres Etats ſitués entre deux auroient eu le même ſort, nous les aurions pris en Dépôt, s'ils s'étoient trouvés auſſi bien ſitués à nôtre bienſéance comme les ſiens. Il eſt donc clair, que toute cette affaire ne le regarde pas lui ſeul privativement, ou que ce n'eſt que par la ſituation de ſon pays qu'il a eu la préférence. Il avouera lui-même, que nous n'avons pas manqué, de lui donner les aſſeurances les plus fortes d'amitié, & d'eſtime perſonelle. Il a été montré plus haut, que nous obſervons exactement le *Decorum* en uſage entre les Souverains. Voyez DECORUM. Telles ſont les regles de nôtre Politique nouvelle, touchant le *Dépôt Sacré*; c'eſt à dire, autant qu'il eſt nommé *Dépôt*: Car peut-on ſavoir s'il ne changera pas de nom avant que nous ſoyons à même de le rendre? Qui voudra dire d'avance tous les cas, toutes les faces differentes que peut prendre une affaire

d'Etat?

d'Etat? Car enfin, l'obligation de le rendre pourroit abſolument ceſſer. Nous l'avons pris en *Dépôt*, & le gardons par *Convenance*. Nous ne le rendrons pas ſi tôt, ſans y être forcés, ou pour quelque autre avantage: ce ſeroit une trop lourde faute, pour nous, qui ne ſommes plus Novices en fait de Politique.

DESINTERESSÉ. Il a déja été demontré ailleurs, que la conduite que nous tenons, ſur tout en Saxe, à laquelle on trouve néanmoins tant à redire, a des motifs Politiques fort éloignés de l'intérêt. Voyez CONSERVATION, DÉPÔT &c. Pluſieurs choſes, qui ſemblent avoir pour but l'intérêt propre, en ſont pourtant bien éloignées: la confiſcation, par exemple, des Caiſſes communes des villes de Sileſie; l'achat des billets de banque; l'augmentation des impôts & des tailles; le chetif alloi de la monnoie; la ſéduction & la perſécution des marchands &c. Il eſt vrai, on ne donne rien à celui à qui on doit, ou on lui donne moins, & plus tard; Mais comme c'eſt dans le retranchement de la depenſe que conſiſte la vertu d'un bon menage, nous donnons à ces marchands l'occaſion d'exercer cette vertu, & cette vertu eſt-elle *intérêt propre?* Quant au mauvais aloi de la monnoie, on a grand tort de s'en plaindre: Il faut s'en tenir, au coin, à l'image qui y eſt empreinte, & croire qu'il a réellement la valeur qui y eſt marquée, & telle qu'elle avoit avant la priſe en Dépôt. Notre Prince par

par exemple, fait fraper des pièces, ſur l'Envers desquelles on voit ſon portrait, & ſur le Révers l'aigle, avec la Couronne ſur la tête, avec l'inſcription rémarquable au tour de ſon cou, *Moneta Argentea.* Jamais Prince qui ait mis cette aſſurance au bord, à la place du Symbole, ou du reſte du titre; & comme il eſt le premier qui a introduit cet uſage, on ne peut en donner d'autre raiſon, ſi ce n'eſt, qu'il ſe rend expreſſément garand lui-même que réellement la pièce eſt d'argent, ou du moins que ſon deſſein eſt que le Public prenne cette monnoye pour pareille valeur. C'eſt un exemple bien remarquable d'attention, jusques dans les plus petites choſes! on n'y lit pas les mots: *Moneta Bona.*

DESIR. Se joint toujours à quelque autre mot: par exemple, *Deſir à la mutinerie*, *à s'aggrandir* &c. Il eſt neceſſaire que nous en accuſions nos ennemis, du moins auſſi longtems que nous ne poſſedons pas plus de Provinces qu'eux.

DESPOTIQUE. Ce mot ſignifie un pouvoir abſolu, ou plûtôt arbitraire, ne réconnoiſſant aucunes loix. Nous avons déja démontré que nous avons le Droit d'en accuſer les Juges, ou autres ſuperieurs, toutes les fois que l'exécution de leur Charge nous devient préjudiciable. Voyez *Ambition.* Auſſi P*** & autres ſavans auteurs de nos Ecrits Politiques ont-ils prouvé, de quel ſécours étonnant ſont les épithétes contre nos adverſaires, & comme elles ſervent à remplir la feuil-

feuille, & tiennent lieu de preuves ou de refutation.

DETESTABLE. Se dit élégamment, parcequ'il ſe termine en *able*. Nos écrivains ſont obligés de nommer ainſi tout ce qui vient de nos adverſaires.

DIEU.. Le nom du Créateur eſt devenu, non pas à tous les hommes, mais à nos hommes d'Etat, une expreſſion Politique. Nous le prennons à temoin pour prouver notre bonne Conſcience, & nos intentions pacifiques, ou pour nier les imputations de nos adverſaires. Il a été démontré, que quant au premier cas, nous avons raiſon d'en uſer ainſi, (voyez *Conſcience*, *Efforts pour la paix*) & nous n'avons rien à nous reprocher, ſuivant nos maximes. Quant au ſecond, nos adverſaires ont encore moins ſujet de ſe plaindre. Pourquoi ne nous contrediſent-ils pas, en prenant avec la même hardieſſe le Créateur à temoin ? le vulgaire étonné partageroit peut-être ſon jugement entre nous; mais ils ſont trop timides pour cela, & nous concluons de cette timidité qu'ils ont tort. Nous autres politiques nous employons tout ce qui peut faire réuſſir nos *Arrangemens*, *nos Efforts* &c. dans ce monde; dans l'autre, nous eſperons échapper à la punition, par l'excuſe d'avoir trop crû aux Ecrits du grand Voltaire, à ceux de l'auteur de *l'Homme Machine* & autres Docteurs pareils, qui nous ont trompé.

DIGNE DE LOUANGE. Notre Moderation eſt digne de louange, ſinon généralement réconnue, & louée de tout le Monde: car c'eſt ſur tout à notre moderation qu'eſt duë cette façon de s'énoncer.

DISCONSOLATION, c'eſt-à-dire: manquer de conſolation. C'eſt enrichir les langues que de les doter d'Expreſſions nouvelles. Le ſon de celle-ci va ſans doute paroître bien étrange aux François: & Ciceron n'y auroit ſûrement rien compris. Plus on aproche de ceque les Romains appelloient barbare, plus on devient ſavant.

DISTRIBUER, ne ſe dit pas de nous. Car nous ne diſtribuons rien *gratis*.

DOUCEURS POUR LES QUARTIERS D'HYVER. C'eſt une bagatelle, que la raiſon de guerre autoriſe dans les païs étrangers. Et comme cette raiſon de guerre décide également chez nous autres de ce qui eſt juſte, nous pouvons ſous ce titre exiger d'une ſeule Ville, pour Douceur, un million, & cela pour le Bien du païs, que, comme Ami, nous avons pris en Dépôt. Quelques grandes que ſoïent les ſommes requiſes, & les plaintes que les ſouffrans en puiſſent pouſſer, le titre que l'on donne à la choſe mérite bien qu'on exige toujours quelques bagatelles.

DROIT DE LEVER DES SOLDATS. Nous regardons ce Droit de lever des troupes dans les païs étrangers, & principalement dans tout les Etats de l'Empire d'Allemagne: C'eſt l'appui le plus neceſſaire de notre

notre Politique martiale, & par consequent, nous devons le conserver comme la plus belle partie de notre Gloire & de notre Dignité. Qui ajouteroit foi à nos paroles, si nous n'avions pas sur pié une Armée plus grande que nos Provinces ne sont capables d'en fournir? Comment d'ailleurs faire & rendre fructueux nos efforts écrasans pour la paix? Qui nous craindroit? A quels autres titres oserions-nous prendre en Dépôt des païs voisins? Ne serions-nous pas contraints, comme le sont tous nos égaux, d'obéïr quelquesfois au Chef? Que deviendroit notre Gloire, & notre Dignité? Sans une Armée de cette force on ne nous reconnoîtroit pas pour *Grand*, quand même nous arborerions dans nos armoiries, les têtes, les cous, les pieds, & les queuës de tous les animaux de l'Arche de Noé. C'est la puissante Armée qui nous donne la prerogative de faire la loy aux autres. Il faut donc, que nos Politiques sachent sur quoi se fonde ce Droit, afin de pouvoir l'exercer, & le soutenir malgré les Princes voisins dans les Provinces desquels nous faisons des levées. Nos Predécesseurs nous ont bien laissé des Armées considerables, mais ils n'avoient pas encore fait dans la Politique autant de progrès que nous. Ce n'est pourtant pas que sans avoir possedé toute notre sagesse, ils n'ayent faits de grands progrès en bien peu de tems: Celui qui sembloit n'avoir son Armée que pour la parade, jetta, sans le pré-

prévoir, les fondements de notre Gloire & de la Possession du Droit de lever des troupes. On payoit grassement alors pour avoir des hommes d'une taille extraordinaire ; & chaque Etat ne pouvant en fournir que très peu, on en cherchoit partout, jusqu'aux extremités de notre Hemisphère. Plusieurs se faisoient plaisir de faire présent d'un ou deux des plus grands hommes ; Nous les achetions fort cher, & cela pour notre plaisir ; ainsi le Droit de lever du monde nous fut accordé dans la plûpart des Provinces. Ceux qui étoient envoyés pour faire des recrues étant bien recompensés, mettoient tout en œuvre pour enlever les plus beaux hommes ; & s'il s'élevoit quelque plainte contre eux, on trouvoit moyen de se racommoder au plûtôt. Ainsi, nous qui sommes plus consommés dans la Politique, ayant besoin, suivant nos Maximes, d'une grande Armée, non pour la parade, mais pour *un Concours* de *motifs pressants*, nous ne nous laisserons pas supprimer le Droit de lever, de ravir les hommes, grands ou mediocres ; même en dépit de tout Seigneur du païs nous soutiendrons ce Droit précieux, d'où dépend en bonne partie, & notre Gloire & notre Dignité.

E—F.

ALPHABETH POLITIQUE,

POUR L'INTELLIGENCE DES ECRITS OU PIECES DU TEMS.

E—F.

S'ECARTER *du respect dû aux Souverains.* Il a été demontré, que nous ne sommes jamais tombés dans cette faute (voyez DECORUM & ailleurs.) Au contraire nous en taxons nos Ennemis. Quand l'Empereur par exemple, en s'acquittant de son devoir, tache de dissiper nos efforts pour la paix; quand il ôse appeller forfaits, ce à quoi les loix de l'Empire donnent le même nom; quand un Conseil aulique Impl., au lieu de nous faire d'humbles prieres, nous fatigue par des *Dehortatoires*, & *Avocatoires*; c'est s'écarter du respect dû aux Souverains: car personne ne nous juge bien, qu'autant qu'il suit lui même exactement les Regles de nôtre Politique. Il n'appartient qu'à nous mêmes, de juger de nos demarches Politiques (voyez JUGEMENT). Enfin, c'est aussi s'écarter du respect, quand on nous confond par le recit

 de

de nos actions, que tout le monde ne veut pas approuver; quand, non content de cela, on nous blâme chez tous les autres Souverains, & qu'on diminue la veneration pour notre Grandeur, par laquelle nous faisons impression sur le vulgaire, avec justice; Quand on ôte à certains de nos exploits, la lueur de la dignité qui les environne, au préjudice de notre Gloire, au lieu de souffrir qu'ils ne paroissent que comme des taches aux yeux du peuple, qui a coutume de ne s'arrêter qu'aux apparences ou nuances que nous donnons à nos actions.

ECLAT, *éclater*. On s'est servi de ce mot pour marquer un Evenement subit, & inopiné; mais jamais pour celui qui le verra naitre, & qui a preparé lui même le feu avant qu'il éclate aux yeux des autres. Cependant il est avantageux au boute feu, de crïer lui-même, au feu! au feu! Par exemple, *cette pernicieuse guerre ayant éclatée*, cette Interjection nous fait paroître innocens, & dans le cours d'un Ecrit elle fait que le Lecteur se sent touché de compassion, & croit les autres coupables, avant que nous en donnions les preuves.

ECRASER, *designe une entiére destruction.* Jupiter lui-même s'est servi de cette façon de parler, en faisant contre les rochers le premier essai des armes que les Cyclopes lui avoient forgés: Vulcain dit-on, l'a enseigné au premier des Dieux, & les Dieux des forgerons s'en servoient seuls anciennement. Les autres estimoient que ce terme tenoit trop de l'orgueil. Prothée voulant s'en servir, fut puni de sa témerité. Les hommes, depuis qu'il jettent le feu par ces bouches affreuses d'airain, renversant les murailles, detruisant leurs confreres par rangs, & donnant l'épouvante même aux nuës & aux tempêtes, ne souffrent plus qu'on condamne l'usage de cette expression de Jupiter. Ainsi, à l'envi du Dieu du tonnerre, nôtre Politique se reserve ce terme pour s'en servir humainement. Nous avons montré à Brieg la force & la quantité de nos Canons, contre le petit nombre de ceux des Autrichiens: le tonnerre celeste nous rendit seul la victoire incertaine. Le Canon fait le fondement de notre Puissance. Celui qui regle le nombre ou l'usage de ses armes à feu, grandes ou petites, selon les notres, pourroit nous écraser, & par conséquent il a violé la paix. Il faut prevenir, & écraser ce Géant; Car le tonnerre de Jupiter n'est fait que pour nous.

EFFRONTERIE. C'eſt une vertu de notre Politique. Mais les adverſaires ſtupides, la prenant pour un vice, nous déſavouons par modeſtie que cette perfection ſoit de notre reſſort, & nous la faiſons rejaillir ſur nos adverſaires. Ils s'en offenſent & s'en excuſent. Nous rions de leur ſimplicité, & de ce qu'ils croient que c'étoit tout de bon; Comme ſi nous ignorions, qu'ils n'ôſeroient ſoutenir un menſonge? Les Foibles Eſprits!

EFFORTS. Nous faiſons les notres pour la paix. Nous la deſirons auſſi paſſionnément, que de faire reſtitution de nôtre Dépôt Sacré. Nos adverſaires nous font grand tort, de de pas nous croire ſur notre parole; ni de vouloir reconnoitre, en jugeant de la droiture de nos intentions par nos demarches innocentes, que celles qu'ils font eux-mêmes, que leurs *enormes armemens*, troublent la paix publique. Car nous regardons comme offenſives toutes les Alliances Defenſives contre nous: Voyez (ALLIANCES & DEFENSIF) Ce ſont des *deſſeins pernicieux*, des *machinations* &c. Leurs moyens defenſifs pourroïent valoir peut-être contre d'autres & ſervir à affermir la paix; mais les efforts que nous faiſons pour cet objet, ſont d'une toute autre nature: le tems apprendra, s'ils réüſſiront. Si entre deux hommes il n'y avoit pas moyen d'aſſeurer la paix, à moins que l'un d'eux ne fut tué, ne ſeroit-ce pas aſſez de lui couper

per les bras & les jambes; & pour plus grande ſeureté, de lui arracher les dents? nous ſommes ennemis de la Cruauté, & toujours portés pour la conſervation de l'homme. Ainſi pour établir une paix durable, en aſſujettiſſant nos voiſins l'un après l'autre, il ſuffit de leur caſſer les bras & les jambes: leurs cris ne nous feront pas mal; Il feroit donc ſuperflu de les tuer. C'eſt nous qui dans les Guerres précedentes avons fait le plus de mal à l'Autriche: nous obtinmes ce que nous cherchions; & reparames tranquilement nôtre perte en Sileſie, pendant que les autres épuiſoient leurs forces. Actuellement nous avons la Saxe en Dépôt: Si nous pouvons faire d'avantage nous n'y manquerons pas. La Grece, toujours troublée par ſes Guerres inteſtines, en avoit auſſi de grandes avec l'Aſie: La paix n'auroit jamais été durable, ſi Philippe n'avoit pas aſſujetti les Grecs, & ſon fils Alexandre dompté l'Aſie: ce n'eſt qu'alors qu'ils furent tranquilles, jusqu'à ce que la mort de ce Héros ouvrit la Carriére à l'Ambition de ſes Generaux, qui ſe firent de longues guerres cruelles. Mais que ſeroit-ce, ſi les autres, s'appercevant que tout aboutit à cela, nous aſſujetiſſoient nous mêmes? Un ſeul n'en eſt pas capable, & c'eſt pour cette raiſon, que nous ne leur permettons pas des Alliances defenſives. Nous ſuivons, pour en venir à une paix generale, l'exemple d'Alexandre, & de ſon pere Philippe en même tems, qui en attaquant les uns, retinrent les autres en partie par la crainte d'un péril imaginaire, & en partie les embrouillerent dans la Guerre; enfin les engloutirent tous, amis & ennemis, uniquement pour donner la paix au monde, sous un seul Chef. Un Conquerant, qui dans cette vuë reduit les autres sous son obéïssance, ne doit pas être decrié comme un esprit turbulent, un enragé, un Perturbateur du Genre humain, on doit le regarder au contraire comme un Dieu de paix, les delices du Genre humain, le plus sage des hommes, le second Salomon en la Politique. Pourvû que les desseins du Politique soïent reconnus louables, n'importe que les moralistes, qui sont des ignorants dans les affaires politiques du monde, en condamnent les moyens?

EMANER. Par exemple une *Déclaration émanée* de nos sentimens pacifiques; les expressions Contradictoires à celle de notre Déclaration, sont émanées d'une source impure &c.

EMIS-

EMISSAIRES; C'eſt ainſi qu'on nomme un eſpion, un homme qui ſeduit les perſonnes, qui leve des Soldats en cachette &c. : On tient ordinairement ces emplois pour honteux, mais ils ne le ſont pas. C'eſt pourquoi P***, ce prudent homme, ſachant que l'Autriche n'en emploïe jamais, donne ce nom aux Miniſtres Imperiaux, Plénipotentiaires dans les Cercles. Subtile vengeance! Elle ſemble diffamer, parceque ces Politiques moins fins, prennent ce mot pour diffamatoires; mais en effet ce n'eſt pas une injure chez nous autres, qui avons vaincu le prejugé il y a longtems. Blamerions-nous nos grands hommes, & entre nombre d'autres, celui qui prit la peine de negocier en perſonne avec le traitre Weingarten, qu'il engagea à faire faire une fauſſe clef pour entrer dans le Cabinet du Roi de Pologne, & lui livrer des Papiers d'importance. Ah! non. Leur mérite eſt trop connu de Londres jusqu'à Conſtantinople. Ils ſont Emiſſaires, & ſont ce qui convient à ce nom, expoſant tout ce qu'ils ont, leur vie & leur honneur. Auſſi la memoire de ces grands hommes ne mourra t'elle jamais. O! vous! vaillans Sergents, Lieutenants, & Capitaines, qui faites en cachette des lévées défendues, ſouvent obligés à vous déguiſer ſous de vilaines formes, pour échaper; on ne ſauroit aſſez vous louer, rien n'égale votre addreſſe : l'Italie & le Nord en rendent temoignage. Vôtre habileté rapporte de toutes les Nations le tribut en hommes qu'on refuſe à notre Politique. Pourſuivez vos rapines, emploïez le verd & le ſec pour cet effet, promettez de grands avantages, accordez des Capitulations pour certains tems; ceux qui vous croient, ſe trahiſſent eux-mêmes: on auroit tort de vous appeller trompeurs. Si quelques-uns, ſe croiant plus habiles qu'ils ne ſont, ont été attrapés, & ont païé de la vie leur manque d'addreſſe; qu'importe! la plus grande partie en échappe, & Cartouche lui-même vous envieroit votre gloire.

ENNEMI, *fâcheux*. La conduite de nos adverſaires eſt ennemie & fâcheuſe. Nous appellons ainſi leurs alliances defenſives, les fortifications de leurs villes, l'entretien de leurs troupes, de leur artillerie &c. Les meſures au contraire que nous prennons, tendent toujours à la paix. Voyez CONDUITE, DEPÔT, CONSERVATION, EFFORTS &c.

ENORME; Epithete qui ſe joint à ARMEMENT.

EQUI-

EQUITABLE; Ce mot ne convient qu'à nous ſeuls. Par exemple: Nous leur avons donné une explication équitable. Ils ne nous ont pas donné une explication équitable.

ENTRER: Belle diction. Par exemple: La Saxe eſt entrée dans cette conjuration horrible.

ENTAMÉ. Ce mot eſt d'un commun uſage, mais trouve auſſi place dans notre langage Politique; par exemple, il m'a entamé; pour dire, il a commencé à dire ou écrire de moi des choſes piquantes & déſagréables. Les Chirurgiens entament les cangrenés: Ceux qui ſont enflés d'orgueil ſont entamés par les moraliſtes; & nous autres ne le ſommes que trop ſouvent par nos adverſaires.

ESPRIT MUTIN. Les Ambassadeurs & Plenipotentiaires étrangers ont pour la plûpart l'esprit extrêment mutin, & ennemi de notre nouvelle maniere de penser en fait de Politique. Si nous tenons, en tems de paix, nos troupes toujours prêtes à marcher, & postées de manière, qu'en moins de 3. jours nous puissions entrer sur telles frontiéres que nous voudrons, ces méchantes gens en avertissent leurs Cours; qui s'en écrivent & en parlent entre elles. Delà il resulte que chacun est sur ses gardes le mieux qu'il peut, & on est empêché d'entreprendre quelque chose de Convenable pour notre Politique, à moins qu'on ne veuille se les attirer tous sur les bras. Ne sont-ce pas des mutins? Quelques-uns même sont les historiens, en décrivant nôtre vie: Ils se resouviennent que nous avons trois fois violé notre parole, & avertissent un chacun de se tenir sur ses gardes, afin de n'être pas écrasé par une quatriéme violation. Nous perdons la confiance, & les les voisins perdent le repos: C'est donc avec raison, que je maudis tous les gens qui ont la memoire bonne. Les vrais historiens sont pour nous de dangereux mutins, par l'application qu'ils font du passé à l'avenir; tels aussi les Moralistes, & les Poëtes de ce genre. Les Panegyristes, les auteurs de Romans & de Poëmes héroïques, ne doivent pas être compris dans la Classe qu'on rejette: Ils ne sont pas ennemis de notre maniére de penser Politique; ils louent

ent nos adverſaires, il eſt vrai; mais ils nous louent auſſi, quand ils eſperent d'être païés. Par eux nous pouvons devenir Salomon & Alexandre à la fois, quoique cela ne paroiſſe guéres convenir enſemble; mais enfin, ils ſuivent la fortune, & jugent par l'Evénement.

ESSENTIEL. Par exemple, *l'Article le plus eſſentiel*. Dans la Phiſique, la difference des degrés dans l'eſſentiel, ſeroit peut-être mal reçue; mais dans la Politique ce ſcrupule ſeroit une chicane pedantesque.

EXAGÉRATIONS: Toutes les Relations, & tous les avis de nos adverſaires, ſont des exagérations impertinentes.

ESTIME, C'eſt un mot d'une force particuliére : de ſorte que pour prouver l'eſtime que l'on porte à quelcun, il ne faut que ce mot ; cependant *affection* paroît plus tendre. Voyez AFFECTION.

EXISTER. Tout exiſte dans notre imagination autant que nous le voulons : par exemple, les actes imaginaires contre nous. Nous ne diſons donc jamais de fauſſetés, puiſque nous pouvons nous imaginer ce que bon nous ſemble.

EXORBITANT. Se dit de nos adverſaires : par exemple ambition, Animoſités, arrogances exorbitantes.

EXPRESSIONS. Cela s'entend des notres, aussi bien que de celles des Antagonistes. Les épithetes dont il a été si souvent parlé, en font le caractère & la difference. Les épithetes pour les notres, & pour celles des adversaires sont aisées à deviner.

EXTORQUÉ. Par exemple, *Défense extorquée*: cela est bon pour marquer la necessité où l'on met une personne, de faire ce qu'elle ne voudroit pas. Il n'est que les nouveaux Politiques qui entendent cela. Nous sommes les premiers à enseigner, que non seulement une attaque peut engager la volonté à la défense; mais qu'il y a encore d'autres raisons plus fortes, qui nous y obligent à contre cœur: Nécessité, qui jusqu'ici n'a jamais été connue dans le monde, & qui est demontrée sous les mots: ECLAT, DISPOSITION, PERTURBATEUR, & ailleurs dans le corps de cet ouvrage.

FAU-

F.

FAUSSETÉ; *Invention.* J'ai déja fait voir que nous devons nommer invention & fausseté tout ce que l'on dit de nous, & que pour être plus énergiques il nous importe encore d'y ajouter certaines épithetes, comme des *exagérations témeraires*, *des accusations pleines de fiel*, *des insinuations odieuses*, *des Calomnies exorbitantes*, *des plus noires*. Par exemple: On demande, si la fameuse Convention de Kleinschnellendorf n'étoit pas vraïe, & si les hostilités exercées peu-„ après n'étoient pas une violation de „ paix?" REP. *Non*: Car celui qui l'a faite n'y étoit pas autorisé. DEMANDE: „ Mais comment auroit-il ôsé la faire? „ Vous en seriez-vous donc peut-être re-„ penti, vous voïant en état de prendre „ aussi la Moravie à l'aide des Saxons"? REP. *Pure invention.* DEM. N'étoit-ce pas Schwerin qui souscrivit aussi à la Capitulation, d'entrer dans Olmutz comme ami? „ REP. *Il n'a pas eu cet ordre.* DEM. Le „ vieux Feldmarechal pouvoit-il bien faire „ une telle faute? n'a-t on pas confirmé la „ parole donnée, en la tenant au com-„ mencement? & neanmoins ne vous dites-„ vous pas ennemi, & ne commeñçates-„ vous pas les hostilités après que le Regi-„ ment des Gardes du Corps fut entré? „ Le vieux Feldmarechal ne s'en est-il pas „ scandalisé: fut il écouté"? REP. *Je n'en sais rien, je n'y étois pas present*; *par consequent*

sequent ce n'est que pure invention DEM. „ N'est il pas vrai, que pour éluder le païe„ ment promis, vous avez taché de trouver „ une difference entre *l'obligation à païer*, „ & *l'obligation au païement* ". REP. *Nous sommes en Droit de donner des explications comme nous jugeons à propos. Cependant ce n'est pas l'intérêt ou la mesquinerie qui nous fait agir, Notre Générosité est connuë, un pareil sentiment seroit trop bas pour nous.* „ DEM. Pourquoi „ n'avez-vous pas donné sur notre requisi„ tion un meilleur alloi à la monoïe, que „ vous fites frapper, pour la faire passer „ dans les païs d'Autriche & la changer „ contre la notre qui est bonne "? *C'est un mensonge; notre monnoïe est* MONETA ARGENTEA. „ DEM. Mais Ephraïm, votre „ Juif & votre fermier, ne fit-il pas, pour „ augmenter la fourberie, mettre sur la faus„ se monoïe frappée en Saxe cette année„ là, la datte de l'année anterieure? REP. „ *Grossiere fausseté.* DEM. Comment pour„ rois-je le croire? Comment les asseuran„ ces d'amitié, le Dépôt Sacré &c., s'ac„ cordent-ils avec la Confiscation de tous „ les révenus du païs, avec le pillage des „ Arsenaux, avec les exactions des som„ mes, l'enlévement des jeunes gens "? REP. *Nous l'appellions d'abord paix, & a present, nous l'appellons guerre. Vous n'entendez pas le Reste. Vos Crailleries ne nous en imposeront pas. Nous ferons ce qu'il nous plaira.*

FOR-

FORGE. Ce mot derive de la forge des Cyclopes de l'Arſenal de Dresde, qui forgent à Magdebourg de nouveaux foudres pour notre Jupiter. Les conventions de nos adverſaires pour ſe defendre, ſont des *Complots forgés.*

FUTILITÉ. Ce mot vient du Latin. Il eſt très bon, pour parler d'une choſe avec le dernier mépris : la Canaille ſe prendroit à moins aux cheveux ; mais nos Politiques ont des expreſſions encore plus diſtinctement mépriſantes, qui ne cédent rien à celle des Colporteurs ; cependant ils ne s'en offenſent point, ni n'en craignent rien. L'exemple d'un P***, & d'autres Auteurs de nos Ecrits Politiques les autoriſent. Chaque novice docile aſpire à la Gloire de ſon anteceſſeur.

G.

ALPHABETH POLITIQUE.

G.

GÉNEROSITÉ, signifie aussi *liberalité*. La première est une vertu à laquelle tout homme doit s'étudier, principalement un Roi, un Prince, un homme d'Etat, & sur tout un Politique Militaire. Les moralistes mettent une difference entre la pratique de la Générosité, & l'étude qu'on s'est fait d'en posséder l'extérieur : Mais c'est pedanterie; notre Politique ne s'arrête pas à des bagatelles.

Je mets aussi entre les espéces de Générosité, l'intrépidité personnelle dans un combat, ou tout autre peril qu'on court en allant à l'ennemi; un guerrier doit être Politique, comme un Politique doit être Militaire. Alexandre étoit bon Guerrier, mais mauvais Politique, autrement il auroit fait comme nous, & n'auroit pas exposé sa personne aux traits & aux glaives des ennemis dans les Combats. Son singe Charles XII., plus vaillant encore, mais encore moins Politique dans les combats, paya de sa vie ce défaut à Friedrichshall. Mon Heros disposera une Campagne dans son Cabinet, & s'il ne réussit pas il saura s'attribuer l'avantage sur l'ennemi, quand ce ne seroit qu'à force de Cornets de poste, & il épargne par là sa personne. Il se portera de côté & d'autre, visitera les places d'armes, fera la revuë des troupes, comme si lui seul faisoit tout. Quelquefois tout enfoncé en ses meditations, il fera des allées & des venuës dans la chambre, montera & descendra les escaliers, & passera des nuits sans presque dormir, pour rendre plus naturelle cette Scene. Dans les batailles, si elles se donnent en rase campagne, il se retirera sur quelque coline, éloignée d'une demie lieuë; ou si le champ de bataille est proche des montagnes, mon Heros se plantera sur la plus haute: ce qui pourra peut-être lui réussir, pourvû que le Soldat ne soit pas aussi Politique; mais cela ne lui convient pas. Une perspective & quelques fusées tiennent à mon Achille lieu de bâton de commandement; il gagne cependant la bataille aussi bien qu'Eugene ou Turenne. C'est le devoir des Généraux & des Colonels d'animer quelquefois & de soutenir le Courage par leur exemple: C'est tout autre chose d'un Prince. Son grand soin est de mettre généreusement en seureté sa vie dont tout depend, & de se retirer aussi-tôt derrière une vieille muraille, au cas qu'une balle tombe au pied de la montagne hors de la portée des Canons. Ce soin de se conserver est générosité en soi-même.

On temoigne de la Générosité envers un autre en prenant son païs en Dépôt Sacré, & en le défendant contre son propriétaire & ses amis; les sujets bon gré, malgré, deviendront parjures envers leur Prince, ou se laisseront sevérement punir par le Protecteur, que personne n'a réclamé: on doit reconnoitre cette rare générosité. Le boulversement des Loix & du Gouvernement, est une prévoyance sage & généreuse, parceque le *Dépositaire Sacré* soutient, qu'elle a pour

pour objet le bien du païs: Voyez DEPÔT. Quand on ne laisse pas mourir de faim le Roi enfermé comme ses troupes, & qu'on étale dans les Gazettes, qu'on lui a donné pour son Entretien quelque chose de la Cuisine, & même quelques-unes de ses propres confitures, cela s'appelle *générosité*, *estime personelle*, DECORUM. Quand après avoir forcé par la misére les troupes de son ami, de se rendre prisonniéres de guerre, on les soulage & recrée avec un peu de pain & d'eau, & des coups, afin, qu'après trois jours de jeunes, elles ne nous deviennent pas inutiles, & qu'on les determine au parjure, & à l'invasion des pays amis; cela est pure Générosité: Car par le premier soulagement, les Corps à demi morts sont refaits, & la contrainte ameliore leur état, en les arrachant à la captivité. Aider ceux qui n'en ont pas besoin, leur faire accroire qu'ils étoient opprimés, est une générosité plus grande, que de soulager ceux qui sont dans la détresse: Il n'y a rien d'extraordinaire dans ce dernier cas, nombre de Heros l'ont pratiqué. Les amateurs du premier sont plus rares; les Politiques antiques leur ont donné le nom de séditieux, de mutins, de perturbateurs, qui ne meritent que la honte & le dommage pour recompense. La vraie générosité consiste à sacrifier son propre honneur, dans l'esperance, que quelques uns heureusement persuadés, ou intimidés, deviennent nos Panegyristes. Cependant la générosité doit avoir ses bornes, elle ne doit pas aller jusqu'à la prodigalité.

Après une victoire remportée on peut, p. e., accorder par générosité la paix à un Prince, en telle sorte pourtant, que par les exactions continuelles, son païs se sente toujours de la Guerre.

Il en est de même de la protection qu'on donne aux fourbes ; Un voisin a beau reclamer un tresor considerable qui lui a été enlevé, le voleur généreusement protégé, païe cette généreuse protection de la motié du bien derobé, & il n'a plus rien à craindre : Cela s'appelle être sobre, même en fait de vertu ; Telle étoit la générosité envers *Vernosobre.*

Il ne faut pas se hâter plus que de raison en fait de générosité, à l'égard de ceux même pour lesquels on a la plus grande estime personelle ; c'est l'étiquette de la Sagesse : Ce seroit pousser à l'excès la liberalité, que de donner plus de 7000. écus à la Reine, Epouse de notre ami, des revenus de son païs, que nous avons pris en Dépôt ; la générosité ne doit jamais être trop généreuse.

Les grandes ames se rendent généreuses ordinairement, envers les Savans étrangers, les Philosophes & les habiles Poëtes, sachant bien à quel point leurs plumes contribuent à repandre la louange de la sagesse des Grands Princes : Mais, les enrichir par une liberalité trop grande, seroit les rendre paresseux ; il leur suffit d'une subsistance mediocre, & une clé de Chambellan, qu'on leur fait redemander, sans aucune autre raison, temoin même le grand Voltaire.

Car

Car ils ne doivent rien emporter hors du païs, quand on s'ennuïe de les avoir chez soi, & qu'on veut avoir seul l'honneur de ses Ouvrages: qui, quoique lêchés par le Savant, furent, il est vray, méprisés & réduits à l'oubli d'abord qu'ils virent le jour, mais quelques années après se firent rechercher & réimprimer par tout, au moyen des blasphêmes dont on les enrichit pour les faire valoir. Il suffit pour un savant, de penser, c'est que sa plume qui a fait d'un Prince un savant: que si tel Ouvrage paroissoit sous son nom, sa Gloire en seroit mince; & qu'il peut laisser cette part à qui veut être à tout prix un Poëte Couronné.

La Générosité raisonnable s'étend aussi sur des Marchands riches dans les païs étrangers. On les attire; on les engage à acheter de grandes Maisons inhabitées; ils deviennent Comtes & bientôt pauvres. Par cette générosité prévoïante, l'argent vient dans le païs, sans que rien en retourne dehors. Quand on a promis quelque chose de trop, la Générosité ne veut pas, qu'on le mette en exécution: p. e., on promet une Compagnie à un Gentilhomme étranger & riche, qui est très bien fait & peut servir d'ornement à tout un rang de Grenadiers. Dans cette espérance il fait le voyage de son païs vers nous, & on le fait simple Grenadier à son arrivée. Se voyant trompé il veut retourner, mais il ne peut plus. Cela s'appelle être Généreux, en ne gardant pas sa promesse, & épargnant au jeune homme les fatigues & les soins du Voyage de retour, charge trop pesante pour ses épaules; on le retient par générosité, pour qu'il ne tombe pas entre les mains de gens trompeurs, qui pourroient abuser de sa credulité.

Une autre espéce de Générosité, c'est de forcer les gens parresseux à gagner quelquechose, & de profiter de nos sentimens généreux: p. e. le Lieutenant General Zietben donne par ses ordres, l'occasion aux Saxons de faire les Espions, & de gagner 10. écus, pour un avis d'importance donné au préjudice des Autrichiens; qui ne veut pas s'y laisser emploïer est menacé de prison & d'autres pareils châtiments.

Enfin, un point capital de notre générosité diamétralement contraire à la Morale des Anciens & de nos Adversaires, est, qu'ils s'imaginent, que c'est être doublement généreux, que d'exercer cette vertu sans aucune vuë ni d'intérêt ni de louange; qu'il est bas de s'en vanter, ou de la reprocher, & qu'elle perd tout son prix par le reproche qu'on est capable d'en faire. Nous autres Politiques, qui sommes généreux envers nous-mêmes principalement, nous en tomberions d'accord, si l'on étoit asseuré, que le monde nous donneroit de lui-même toutes les louanges que nous desirons; mais cela n'étant pas, il faut le prévenir, en publiant, & repétant sans cesse l'éloge de nôtre générosité, jusqu'à ce que nos partisans en soyent convenableblement inſtruits, & s'accoutument au ton que nous voulons qu'ils prennent vis-à-vis de nos Adverſaires : car comme nos partiſans ſont de la trempe de ceux qui ſuivent aveuglement le torrent d'une mode, il n'y a qu'à les entretenir ſur le ton de nos louanges, & nous ſommes ſûrs de leur faire accroire tout ce que nous voulons à notre avantage, & à leur fermer même les yeux ſur l'Antichriſtianiſme arboré ſi ouvertement.

GLOIRE. Ce qu'un Prince doit à ſa Gloire, voyez *Conſervation*. Comment s'aſſurer de celle de la Généroſité, voyez *Généroſité*. Nous avons ſouvent parlé des regles ſuivant leſquelles on peut refuter les contradictions des adverſaires, voyez *Inventions*, *Calomnies*. Se glorifier, d'avoir beaucoup fait pour l'amour des voiſins, voyez *Comportement*, *Arrangement*, *Decorum*, *Amitié*, *Efforts pour la paix*, *Dépôt*. Enfin, tout ce qu'il faut faire pour éterniſer ſon nom, en troublant toute l'Europe, ſe trouve aſſez expliqué dans les articles mentionnés.

GUERRE. Si nous demandons à Grotius : ce que c'eſt que la Guerre, ſes Droits, ſes coutumes ? il faut s'armer de patience pour venir à bout de lire quelques volumes de l'auteur, & dix fois autant de ſes Commentaires. Nous autres Politiques Militaires nous comprenons ce babil en ce peu de lignes. „ La guerre „ conſiſte en ce, qu'un peuple contraint „ l'autre à quelque choſe, par la violence „ & la force ". Admirable ! C'eſt la vraie definition, car toutes les guerres y aboutiſſent.

ſent. Un Conquerant force un peuple voiſin à lui être ſujet : Un autre le reduit à la pauvreté & fait de ſon pays un deſert ; un autre, ſe contente de le rendre moins puiſſant, lui & ſon Roi ; un autre, le reduit à la néceſſité inévitable de lui donner ſes treſors & ce qu'il a de precieux ; Un envieux forcera l'autre à ſe depouiller du pouvoir, des richeſſes, de la magnificence, des commodités dont le premier eſt jaloux ; toutes Guerres que notre définition comprend. Il y en a d'autant de ſortes, qu'il y a de differentes vuës pour leſquelles on les entreprend. Suivant donc que la vuë eſt juſte ou non juſte, la guerre l'eſt auſſi. Si l'on entend ſous ces vuës, les intentions ſecretes, perſonne ne ſaura juger de nos vuës, ni nous des vuës de nos adverſaires. Chacun indiquera donc les ſiennes, ou les circonſtances les feront paroître. Que les Adverſaires quand ils ſe font la guerre, ſe rompent la tête tant qu'ils voudront, à examiner les raiſons, & à en juger ; nous nous en moquons : Mais quand nous ſommes engagés avec eux dans une Guerre, il eſt certain que nos vuës ſont toujours juſtes & raiſonables ; c'eſt-à-dire, que nous avons pour objet la paix, que nous tachons d'établir, en faiſant nos efforts pour affoiblir nos concurrens, & nous les aſſujetir.

ALPHABETH POLITIQUE,

H—I—L.

Haine. Nos Intentions pacifiques nous garantissent de tout reproche de haine. Mais nous ne devons pas douter, que tous nos voisins nous portent une haine implacable ; (1.) parceque cette presomption nous sert à expliquer toutes les mésures qu'ils prennent pour leur deffense, comme offensives, & à rejetter toutes les verités qu'ils disent de nous, comme des inventions odieuses. (2.) Nous savons, qu'il faut bien de la force & une grande perfection, pour pouvoir souffrir patiemment tout le dommage, que nos *efforts pour la paix & pour le Bien de leur pays*, leur ont causé. (3.) Ils ne reconnoissent pas la Superiorité & le Droit de notre Politique; il est donc à presumer, qu'ils ne reconnoistront pas notre amour & amitié pour tels que nous les leur donnons. (4.) Parceque nous ne pourrions nous mêmes nous empêcher de haïr mortellement un autre, qui nous traiteroit de la même manière, que nous le faisons à leur égard.

Il y a une autre espéce de haine, que le vulgaire appelle Envie, & que les Princes sages, appellent soin pour sa propre Gloire & sa Dignité ; Celle là se trouve en nous, & nous fait honneur: car les avantages, la magnificence, les jardins, les palais, les galleries, les Cabinets, les fabriques de porcelaine d'un voiſin plus foible que nous, les Richeſſes d'une ville commerçante, ont excité depuis long-tems notre envie.

Il y a encore une difference entre cette haine glorieuſe pour nous & celle de nos adverſaires. La premiére n'eſt pas dirigée contre la choſe même, mais bien contre certaines circonſtances: ſavoir, que ces choſes ne ſont pas encore à nous. Illuſtrons cela par l'exemple d'un Héros, qui dans ſes Campagnes il y a quelques années prit contre les Tapiſſeries d'un Gentilhomme Campagnard une haine ſi forte, qu'il les fit arracher auſſi-tôt, en préſence même du Gentilhomme, parceque lui même, ſelon ſon propre aveu, n'en avoit pas d'auſſi belles. Mais comme une haine pour une choſe change tout-à coup en amour, & que ces Tapiſſeries étant paſſées au pouvoir de ce Héros, il ne les a plus haï, de même nôtre petite haine innocente change en amour, auſſitôt que la choſe haïe nous appartient. Nous eſperons en convaincre le monde quand nos efforts pour la paix n'auront rien laiſſé aux autres qui ſoit digne d'envie.

HARDIESSE. Elle nous eſt propre. Si, par exemple (1) nous étions convaincus de menſonges &c., Nous n'en rougirions pas; c'eſt une foibleſſe enfantine, qu'à peine trou-

trouvera-t'on chez nous en une fille de 15. ans: Nous devons nous montrer hommes en toutes les occasions. (2). Quand nous prennons Dieu à temoin (ce qui est une forte preuve aux yeux des bonnes gens) ils s'en étonnent, & commencent à nous croire. Nous en rions sous cape & en faisons notre profit (voyez DIEU.) Nos adversaires n'aiment pas les faux Sermens; ils ont tort sans doute: leur prétendue hardiesse à soutenir la verité, n'est qu'une pure arrogance.

HONTEUX. C'est un épithéte pour les *Calomnies*, *Exagerations*, *Machinations*, *Complots*, *Conspirations* &c. que nous attribuons à nos adversaires.

HOSTILITÉS. Celui qui fait les premiéres, n'est pas l'aggresseur pour cela, ni ne peut être accusé de violation de paix, comme nous l'avons prouvé (voyez AGGRESSION.

I.

ILLEGAL. C'eſt-à-dire: *Qui n'eſt pas conforme aux Loix & au Droit.* Quoique nos Politiques ne faſſent pas grand cas des loix, & que nos adverſaires au contraire en faſſent beaucoup, il faut les combattre avec leurs propres armes. Un *concluſum* fait à la pluralité des voix, eſt appellé par nous, un *concluſum illégal*, formé par un amas de voix partiales. Voyez PARTIAL.

IMMODERÉ. Se joint aux termes dont ſe ſervent les Adverſaires, quand ils oſent nous répondre.

IMPERIEUX. Nous appellons toutes les entrepriſes de nos adverſaires, des deſſeins, des vuës dangereuſes & imperieuſes. Ce tour d'expreſſion nous eſt très utile: Car il rend ſuſpects les Superieurs, embarraſſe les Sujets, nous procure l'honneur d'être nommés *Patriotes*, la liberté d'être déſobéïſſants, & nous gagne des adherans à tout ce que nous voulons, & de l'aſſiſtence pour nos efforts, aſſez connus, pour la paix.

IMPUTATIONS. On ſe ſert de ce mot au lieu de *Calomnies*, *inventions*, pour varier le diſcours. Il eſt accompagné des mêmes épithétes que les autres; par exemple, des *Imputations fauſſes*, *odieuſes* &c.

INCITATIONS: Cela ſignifie des Complots que l'on ourdit, des Conſpirations. Il ne faut point épargner ces accuſations contre nos

nos adverſaires. Cette liberalité en expreſſions contre eux, n'eſt pas contraire au *Decorum;* Mais je ne leur conſeille pas de s'en ſervir contre nous, s'étayant des Regles de *reciprocité*; Ils y perdroient: J'ai en main un *Textor* particulier *pro ſynonimis Injuriarum*; Je leur en rendrois cent pour une, & cela en me plaignant encore qu'on méſuſoit de ma *modération.*

INDECENCE. Ce mot eſt aſſez connu. On en accuſe toujours les adverſaires, ainſi que *d'arrogance.*

INEXCUSABLE. Nous joignons cet Epithéte, comme le mot *temeraire*, avec les ſubſtantifs, *Procedé*, *Entrepriſes* &c. des adverſaires: il dénotte une grande dignité un haut dégré de gloire, ſur tout tant que nous avons une grande Armée, entretenue politiquement.

INFLEXIBILITÉ. C'eſt l'obſtination dont les Adverſaires ſe rendent coupables en voulant nous juger d'après les maximes de leur Morale, tant rebattue qu'elle ne fait plus d'impreſſion ſur nous. Ces gens devroient reconnoître & recevoir notre Doctrine pour bonne: car puiſque tout change, l'ancienne morale devroit bien changer auſſi.

INJURES. De là vient, *injurier*, *injurieux.* Tout ce que les adverſaires prouvent contre nous, ſont des injures, dont nous devons neceſſairement nous plaindre: car nous devons tout nier, & dire que *les reproches qu'ils nous font ſont des calomnies, & qu'ils nous*

nous injurient par leurs recits pleins de calomnies les plus injurieuſes.

INNOCENT, *le plus Innocent.* Nous reprochons à nos adverſaires, qu'ils donnent de vilaines couleurs à nos actions *les plus innocentes.* Devons-nous les applaudir, & avouër leur habilleté à faire des portraits? Tout homme reconnoîtra, que de tels peintres ſavent peu leur monde, quoique les portraits ſoient reſſemblants. Quelle recompenſe pourra ſe promettre un artiste, qui repréſente d'après nature la peau jaunâtre & ridée d'une veuve, ſoigneuſe de cacher ſon âge ſous une couche de fard? Combien plus abhorrera-t-on la main qui nous a ſi ſouvent repréſentés au naturel, ſavoir, ambitieux, envieux, injuſtes, cruels &c? Nous dirons toujours: *Ce portrait n'a pas la moindre reſſemblance*, car qui peut prétendre que nous l'avouyons, quoique tout le monde le trouve parfaitement reſſemblant. Dans un ſens de Morale & de Politique cette inſulte eſt encore plus grande aux yeux du monde, & la plus injurieuſe qu'on puiſſe imaginer.

Nos armemens ſont toujours *innocents*, comme cela eſt manifeſte.

INONDÉ. L'uſage en eſt différent: par exemple. *Les frontieres ont été inondées d'un cordon formidable.* Il s'entend même de 50. à 100. hommes qui tiennent poſte contre les Sauniers & les autres Contrebandiers.

INOUÏES. *Des Demarches, des Conspirations, des Machinations Inouïes.* Cet adjectif va fort bien quand il est question d'amener le Lecteur à l'étonnement, & de lui faire esperer d'apprendre des merveilles: mais il faut l'endormir avant la fin du recit, afin qu'il ne se souvienne plus de ce qui a dû l'étonner; sans cela peut être ne voudroit-il plus nous écouter dans la suite.

INSINUATION. L'épithéte ordinaire pour les insinuations de nos adversaires, est celui *d'odieuse.*

INTERÊT. Il a été prouvé par notre *comportement desinteressé*, que nous sommes absolument nets de cette tâche.

INTRIGUES. Telles sont les Conventions de nos Voisins; les Traités défensifs contre nous, pour éviter de périr par les coups dont notre Politique militaire pourroit les accabler; & quand ils s'entre-avertissent par leurs Envoyés &c. cela est *détestable*, *abominable* &c.

IRRECONCILIATION. C'est un vice fort indigne d'un Chretien, & familier à nos Voisins. Aussitôt que nous entreprenons quelque chose de contraire à nos promesses, ils se ressouviennent de ce que nous avons fait autrefois, & ils racontent le passé comme le présent. Cela n'est-il pas bien méchant?

JUGER, dans ſa propre cauſe. Nos Hommes d'État ſont les ſeuls aux-quels cette fonction appartient; Cependant elle ne laiſſe pas de faire partie des immunités & prerogatives particuliéres de notre Politique nouvelle. Le moindre de nous eſt en Droit de cenſurer non ſeulement tous les Ecrits, comme fout les autres Savans; mais auſſi les démarches, projets, ſentiments & penſées mêmes, des Empereurs & des Rois; d'en juger, & de prononcer là deſſus notre ſentence, comme un Dictateur de ſa *Sella curulli*; de les declarer coupables, & d'adjuger le Droit ou à nous ou à eux-mêmes. C'eſt à notre moderation que nous devons ce beau privilége. Souvent nous n'y gagnons rien qu'un delai; mais qui voudra ſe laiſſer priver de cet avantage? Toi! & unique P*** qui peut t'être comparé en cela? F*** lui même reconnoit ta ſuperiorité; il te prête ſes penſées, que ſans cela il n'auroit jamais ſû employer ſi utilement: Quel avantage! que de tenir quelques gens en étonnement & en ſuspens, de ſorte qu'ils ne ſachent à quoi ſe determiner, ne fut-ce que pour quelques momens.

Bien que les loix reçuës dans l'Empire ſemblent décider les cas, elles ſont néanmoins pour la plûpart trop foibles. La Paix publique, p. e., l'ordonnance de la Chambre de Juſtice, la Paix de Weſtphalie, les Receſs de l'Empire declarent violateur de Paix, & Ennemi inteſtin de l'Empire, un membre de cet Auguſte Corps, qui

qui de ſa propre autorité fait la guerre à un Co-Etat; elles ſont ſouvent reſſouvenir l'Empereur de ſon devoir, d'emploïer inceſſamment les moïens propres à calmer les troubles. Auſſi l'ont elles fait en pluſieurs occaſions; nous y conſentions, & même nous en avions prié les Empereurs: Car alors notre Politique reconnoiſſoit auſſi pour violateurs de paix & ennemis de l'Empire ceux contre qui elle étoit: mais ſi, au contraire, nous trouvons utile pour nous d'en agir autrement, ni les loix de l'Empire, ni ſon Chef n'auroient pas ce Droit: Premiérement à cauſe de notre prérogative mentionnée, d'être juge dans notre propre cauſe; & conſéquemment en vertu de la ſubtilité de nos faits, que ne peut point pénétrer tout homme qui ne ſera pas conſommé dans les miſtères de notre Politique. Qui-conque ne ſe connoit pas aſſez aux Droits, que notre *Raiſon de guerre*, notre *malheur du tems*, la *convenance à cauſe d'une reponſe vague & irrélevante*, *les loix d'écraſement*, *la gloire*, *la dignité*, &c. peuvent donner à un Prince, regardera toujours un Dépôt Sacré acquis par force, comme une violation de Paix. On ne permettra plus cela à l'avenir; un jugement contraire fait & prononcé par notre Politique y remediera. Qoique les loix decident nommément d'un cas, elles dependent néanmoins de notre explication, de notre conſentement, & de notre contradiction. Un Chef & Juge doit nous

 laiſſer

laiſſer le tems de profiter *du malheur du tems & de notre Dépot Sacré*, dans les occaſions même où ſon office exige qu'il mette ordre à tout le plus promptement. A moins que tous les membres ſoient d'accord avec le Chef, on n'eſt pas obligé d'obéïr ; & on ne l'eſt jamais, ſi quelques-uns tiennent encore à nous : Or, pour en attirer dans ſon parti, le Politique raffiné ſaura comment les épouventer, & de quelques images frapper leurs yeux : Des vuës deſpotiques du coté du Chef, des entrepriſes contre la liberté des Etats, des deſſeins cachés contre la liberté de Religion, un portrait terrible de la privation des Droits, prérogatives, privilèges & immunités acquiſes par tant de ſang & de biens, eſt capable de jetter un chacun dans un tel étonnement, qu'il s'imagine voir déja cet affluance de maux. Quelques-uns qui balancent encore, penſent, qu'il y a au moins quelque choſe de vrai dans ce qu'il avance, & qu'il ſeroit trop hardi de ſe joüer ainſi de la bonne foi du Public. Alors l'homme d'Etat de ſon coté, montre ſes Etats Souverains hors de l'enceinte de l'Empire, & ſon Armée de 160000. hommes, prête à défendre la liberté de l'Empire & de la Religion, contre le Souverain & l'obéïſſance, pourvu qu'ils s'aſſemblent, ſe rangent à ſon côté ; ſi non, un Dépôt Sacré leur apprendra d'avantage. Il en reſulte, que le ſoupçon partage les eſprits, on devient *Patriote*, & *Protecteur* de ceux mêmes qui ne ſont aucunement foulés ; on trouve & on donne aſſi-

aſſiſtance ; & le Chef peut s'eſtimer heureux, qu'on ne le declare pas lui-même Rebelle. Si au contraire les membres perſeveroient dans une incrédulité univerſelle, cela ne doit pas embarraſſer, puisqu'on a profité de ce tems d'indéciſion pour s'établir. Quoiqu'ils diſent, quoiqu'ils faſſent, il eſt trop tard de nous forcer à l'obéïſſance, le Droit de la nouvelle Politique aura le deſſus. Il eſt donc clair, que nous avons le Droit de porter Sentence, & d'obliger à la réconnoître.

IRRÉLEVANT. Tous les Traités de paix, nous ſont irrélevants; Les propoſitions de neutralité faites par les Saxons, *propoſitions irrélevantes*; les reponſes qui ne ſont pas à notre gré, *declarations vagues & irrélevantes*. Enfin, tout ce que les autres ont jusqu'ici propoſé, dit, prétendu, & fait, n'a éte que des *précautions irrélevantes*, que ſuivant nos maximes politiques militaires, *& paiſibles*, nous ne pouvons reconnoître pour *ſuffiſantes* ou *convenables*.

JUSTICE. Dans les demarches militaires politiques, elle ne doit pas être jugée ſelon le Droit civil, ou ſelon le Droit de Nature & des Gens; mais ſelon les regles de nôtre nouvelle Politique ; & tout le monde reconnoîtra d'abord, que nous ne pourrons jamais en manquer.

L.

LACONIQUE. C'eſt un Epithéte pour les *Declarations* ou reponſes non intelligibles de nos Adverſaires, que nous nommons vagues, & irrélevantes. Nous diſons auſſi: *une maniere laconique, hautaine & pleine d'Arrogance*, parceque nous trouvons cela dans tout ce que font nos Adverſaires. Les Lacedémoniens étoient fort courts dans leurs diſcours, évitant tous les mots ſuperflus; c'eſt pourquoi ils étoient eſtimés pour d'autant plus intelligibles: & telle étoit la declaration faite par l'Imperatrice à notre Klinggræf, à l'exemple de ces Grecs-là. Auſſi paroît-elle aſſez exprimer ſon intention; & tout autre, étranger dans l'affaire, l'auroit parfaitement compriſe: Car, dit-elle, *les meſures que Nous prennons, ne tendent qu'à notre defenſe, & à celle de nos Alliés, ſans préjudice de perſonne, qui que ce pût être.* Un homme impartial s'en ſeroit fort contenté, & il auroit dit: Cette declaration ſe fait dans un tems d'une Paix ſolemnelle, qui a été établie pour ſubſiſter invariablement entre nous; cette paix ſubſiſtant encore, il eſt certain, que la declaration, *de n'attaquer perſonne*, nous regarde expreſſément, & *que nous ne ſerons attaqués ni cette année, ni l'année prochaine*, ou que ſi la partie adverſe agiſſoit néanmoins contre la parole donnée, tout le monde jetteroit le tort ſur elle. Pour nous, nous en jugeons tout dif-

differemment: La paix a été rompue déja, par les alliances défensives, même celle faite avant la dite Paix solemnelle. Nous prétendons que la déclaration soit dans les termes: *de ne point attaquer ni dans cette année, ni dans celle qui viendra.* Nous la demandons avec la plus grande politesse martiale, par un homme d'Etat, un Politique inimitable dans cette matière; Mais, on ne nous repond pas en ces termes. La reponse, quoique toute claire, n'est donc pas intelligible. A l'expression *laconique* est opposée celle de s'expliquer *humblement*; refuser de le faire, c'est montrer, une *manière hautaine* de *l'arrogance* (voyez CATEGORIQUE.

Or donc Nos Guerres étant toujours justes, les moïens & la manière de les faire le deviennent également: Nous ne nous amusons pas à des bagatelles ni aux pedanteries des écoles. La Guerre & les moïens étant justes, dis-je, il est très clair, que nous, nouveaux Politiques, aimant naturellement la Guerre, nous sommes en Droit de faire nos Efforts contre ceux qui ne veulent pas s'humilier devant nous, & osent faire des Alliances défensives pour n'être pas écrasés à l'improviste. Les Panégyristes & les Poëtes, pour le païement, ou dans l'esperance du moins de l'obtenir, ne font-ils pas l'apothéose de chaque Prince, pour peu qu'une Guerre lui ait prospéré?

D'autres suites de la Guerre & les bons fruits qui nous en reviennent, sont: qu'elle le nous aide à payer & à faire ſubſiſter notre Armée, trop nombreuſe pour nos Revenus & nos pays, & que par conſequent nous ne pourrions entretenir ſi nous ne forçions nos Voiſins à nous y aider, parceque cette Armée eſt néceſſaire pour notre Gloire, dignité, ſeureté ſuffiſante, & auſſi pour le bien de notre bon Voiſin, dont nous prenons le pays *comme un Dépôt Sacré*. Cela nous donne occaſion, de montrer nôtre modeſte Généroſité, & nous attire des admirateurs, puiſque perſonne avant nous n'a tant illuſtré la Politique militaire; oui, non ſeulement nos exploits nous aſſurent le parallele d'un Uliſſe, d'un Licurgue, d'un Codrus; mais encore celui d'un Attila, d'un Genſerich, d'un Mirrweis &c.; Enfin, nous faiſons parler de nous, & ſerons immortels quoique morts; & même le titre de deuxième Sage, & qui ſurpaſſe le premier inſpiré de Dieu, nous ſera très modeſtement decerné. La Guerre par conſéquent n'eſt pas un mal: du moins ne l'eſt-elle pas jusqu'ici pour nous.

LEGAL. ILLÉGAL. Nous reconnoiſſons & tenons pour illégal tout ce qui eſt traité & conclu contre nous, même dans une Aſſemblée legitime. Mais comment s'y prend-on? Voyez PARTIAL.

LUSTRE. Le notre consiste dans l'extraordinaire de nos faits, de nos sentiments, & de nos expressions ; dans notre Gloire & notre Dignité ; dans nos Armées. Nous devons entretenir & soutenir par des nouveautés extraordinaires ce Lustre, sans en perdre le moindre raïon. Le lustre des autres est d'une autre nature, il nous éblouït, il nous offusque les yeux ; Nous laissons donc la description de ce lustre à nos adversaires.

ALPHABETH POLITIQUE.

M—N.

MACHINATIONS. C'eſt une figure de Rhétorique. Elle ſignifie, dans le ſens moral & Politique, tout ce qu'on peut regarder comme un inſtrument compoſé de pluſieurs parties, pour operer tel ou tel effet. Une pareille Machine étant compoſée pour les affaires d'Etat ou Politiques, nous l'appellons une *Machinations*, ſur tout quand elle nous a été quelque tems cachée. Les Machinations de nos adverſaires, que nous jugeons préjudiciables à nos deſſeins, ſont des *Machinations honteuſes, dangereuſes & deteſtables*, de même que leurs Alliances defenſives, Concerts &c. Notre Etat politique eſt bien auſſi une Machine, dont l'art ſemble être caché à quelques-uns; cependant il n'eſt rien de plus ſimple dans le monde que cet édifice. Il conſiſte en une Armée: Ce corps comprend le tout & les parties, car toutes les parties de l'Etat ſont des parties de l'Armée; elle fait donc ſeule tout l'Etat. Le laboureur derrière la charue en fait une partie, & ne moiſſonne que pour elle. Le Commerçant ne profite que pour elle. Les enfans naiſſent pour elle; tout appartient à l'Armée ſeule. Le Chef, ou la partie la

G plus

plus élevée de cet Etat purement Politique militaire, est à la fois le Chef de l'Armée, & le chef de l'Etat. Ce Corps est en toutes ses parties continuellement tendu & dans la contrainte : Aussi cette tension est le ressort de la Machine, & lui donne le mouvement. L'effet de ce Corps composé, est pareillement la contrainte; de sorte, que s'il peut toujours souffrir d'être dans cette contrainte, on dira: qu'il repond parfaitement aux veuës du maître-ouvrier.

MALHEUR DU TEMS; savoir, *present* : ou, pour le dire en une autre façon, *les tems malheureux d'apresent.* On se servoit autrefois de cette expression dans l'Histoire, en parlant de ces années où le feu tombé du Ciel, où des deluges extraordinaires, des tremblemens de terre, des Incendies, des montagnes s'écroulant, tuerent, écraserent ou ensevelirent d'une maniére étrange les hommes malheureux sous leurs ruines. On l'employoit encore, pour exprimer que la peste ou d'autres maladies contagieuses avoient enlevé les hommes par millions. Les historiens nomment sur tout *tems malheureux*, ceux où un Attila, la foule des Goths, des Herules, des Lombards & d'autres peuples barbares qui ne pouvoient vivre sans Guerre, ravagerent l'Europe, brulerent les villes & verserent des torrents de sang, dans la même vuë que nous, de faire leurs Efforts écrasants pour une Paix générale. *Mal heureux ceux* (s'écrïent les Moralistes) *qui ont vécu dans les tems des seditieux Gracbus, des inquiets Sylla & Marius, des fiers Cesar & Pompée, qui, rivaux l'un de l'autre, desolerent Rome par des Meurtres continuels & pendant plusieurs années. Heureux les Juifs, qui sont morts avant la destruction de Jerusalem!* Ils parlent sur le même ton de la prise de Constantinople, de la Cruauté des Tartares dans la Chine, du Carnage de Kenton, du dépeuplement horrible de la quatriéme partie du monde par l'avarice des Espagnols &c. *Malheureux s'écrient-ils, les hommes destinés à vivre dans des tems semblables avec des Princes voisins turbulents, avec des conquérans furieux, des Tyrans de leurs propres sujets ainsi que des autres peuples, & qui ne reconnoissent rien pour juste que leur volonté!* Nous autres nouveaux Politiques, nous sommes bien éloignés d'entrer dans ces piteuses considerations. Bien au-contraire, avant d'avoir tout subjugué, & donné ainsi la paix générale au monde, nous ne prennons nullement pour un mal la Guerre & les dissentions que nous allumons. Si elles causent de l'affliction à un Parti, il est rare qu'elles ne donnent de la satisfaction & de l'avantage à l'autre. Ce que nous voulons dire dans le sens Politique par le *malheur du tems*, que nous avons allegué, de même que par la *Raison de Guerre*, comme une des raisons de notre prise en *Dépôt* & de nos premières hostilités, n'est pas aussi clair. Nous aimons la Guerre ; mais celle que nous entreprenons pour no-

 tre

tre propre ſeureté n'y eſt pas compriſe, car à ce prix l'on diroit, que le *malheur du tems* eſt notre ouvrage, & que nous pleurons le malade après lui avoir fait avaler le poiſon. Le malheur du tems conſiſte, en ce que notre Politique, comme de raiſon, veut s'élever au deſſus des autres, & qu'eux ne veulent pas nous laiſſer devenir trop grands: en ce que chaque voiſin ſe prépare à la défenſe, au lieu de chercher ſa ſeureté en cedant ce qu'on veut prendre de lui: en ce que nos Ennemis nous auroient mis hors d'état de les écraſer, ſi nous les avions laiſſés plus long-tems en repos; en ce qu'ils nous offenſent d'autant plus, que par leurs *honteuſes Machinations défenſives* ils ſont dévenus nos aggreſſeurs; Enfin, le plus grand *malheur du tems eſt*, que nous avons été obligés à chercher avec un Zele extraordinaire le Bien du païs de notre voiſin, de la Saxe Electorale, ſans lequel nous n'aurions pas pû entretenir nos Armées ni faire valoir nos Efforts.

MANIERE, *façon*. Ces deux expreſſions ſont communes aux deux Sectes Politiques, avec cette difference, que, parlant de celle de l'autre partie, nous l'accompagnons toujours d'un épithete en mal, pour épargner la peine au lecteur de deviner de qui nous parlons. L'Expreſſion la plus ingénieuſe, quoique moins connue & moins intelligible, c'eſt de dire *maniére irrélevante*.

MAXIMES. Ce ſont de courtes Sentences de Morale, ou de Politique, prouvées par l'experience, & compriſes en peu de mots, pour pouvoir les inculquer plus aiſément dans la mémoire, & les transmettre à la poſterité. Entre toutes celles que notre Politique a récu, les douze ſuivantes ſont les plus chéries & les plus infaillibles.

I. *Pour les Oiſeaux, des lacets; & pour les hommes des promeſſes & des ſermens.* II. *Un mouvement forcé ceſſe, s'il n'eſt pas ſoutenu par une deuxieme violence.* III. *Attila étoit haï, mais ſa mémoire ne mourra jamais.* IV. *Il faut tâcher de réuſſir, ſans péſer les moïens; car la plûpart des gens jugent de la juſtice de l'entrepriſe, par l'evenement.* V. *La libéralité excéde aiſément, il faut être ſobre en fait de Générosité* VI. *On ſe fera honneur deux fois, de ce que l'on aura ſû mettre en épargne en faiſant une liberalité.* VII. *La néceſſité eſt le meilleur moyen, de tenir les autres dans l'obëïſſance: Le Poëte ne ſe ſoucie ni de Mécene ni d'Auguſte, mais les louë pour en tirer ſa ſubſiſtance.* VIII. *Tous les hommes ſont hommes; le Maître-ouvrier les fait agir par les reſſorts de contrainte.* IX. *Nier, calomnier, ſert au moins à embarraſſer les affaires: Le plus hardi eſt toujours crû.* X. *Quand le jeu vient à s'échauffer, on hazarde tout ſur une Carte.* XI. *Tant que l'on eſt en état de deſobëïr, on ſe moque du Juge.* XII. *On n'eſt jamais trop fier, quand on ſe croit puiſſant: Il faut commander pendant qu'on peut encore*

 for-

forcer ; car aprés cela, tout cesse de soi-même.

Les Maximes des *Anciens* ne laissent pas de faire impression; mais nous ne sommes pas gens à nous en laisser imposer : aussi n'étants point de notre goût, nous les appellons *orgueilleuses*, *impérieuses* ; & ne paroit-il pas clairement, que les nôtres ne le sont point ?

MENÉES. Nous appellons ainsi les arrangemens de nos adversaires pour se defendre contre nous. Nous leur donnons les noms de *demarches inouïes*, *d'actions indignes*, *de procedés inexcusables*, *de complots*, *de conspirations detestables* &c. Suivant la regle établie, sous l'article de DEFENSIF.

MESURES. Quoique seulement prises en *deliberation* par les ennemis, sont malicieuses, & tendantes à des troubles; au lieu que les notres quoiqu'effectivement mises en *exécution*, sont toujours *innocentes*, *tendantes à la paix*; En un mot, celles des Adversaires sont regardées de notre part, comme leurs *Menées*; & nous dépeignons les notres comme pacifiques, & nécessaires pour la propre seureté (Voyez EFFORTS, DEPÔT &c.)

MODERATION. Nous aimons cette expression dans nos Ecrits, & nous pratiquons principalement cette vertu, cette moderation louable, en ne découvrant pas d'abord nos vuës à ceux qui ne goûteroient pas nos Efforts

Efforts écrasans pour la Paix. Premièrement il n'est parlé que d'un passage, qui ne nuit à personne; après cela on s'empare du Dépôt Sacré; & quand le proprietaire ne peut plus y mettre obstacle, on l'oblige à laisser le depositaire maitre absolu chez lui. Comme néanmoins les esprits gâtés par le Luxe, ne conçoivent pas que c'est pour leur bien que tout cela se fait, on fait dorer encore la pillule pour la leur faire avaler, en leur promettant plus de liberté de conscience. Cela s'appelle compâtir aux foiblesses humaines, en ne leur montrant pas d'abord à decouvert leur bien, qui paroîtroit leur venir par une voye trop rude. Enfin, la moderation la plus extraordinaire est celle qui agit dans la vertu même; Car elle ne doit pas être trop vertueuse, tout comme la Générosité ne doit pas être trop généreuse: Il est incontestable que nous excellons en cela. (Voyez GENEROSITÉ.)

MOTIFS. Les motifs pressans de nôtre Politique sont principalement, *La raison de guerre en tems de paix*, *le malheur du tems*, *la Convenance*, *les mesures suffisantes pour la seureté du païs*, *les Efforts pour la Paix*, *la conservation de sa propre Gloire & de sa Dignité*, *& le Bien du païs de nos voisins.*

N.

NECESSAIRE. L'accroissement de la Puissance de nos adversaires nous offense, & rend necessaire notre *raison de guerre en tems de paix*, puisqu'elle nous prête les moïens suffisans pour parvenir au but de nos Efforts.

NOTOIRE, un épithéte qui se joint à Calomnie, & très utile pour nier.

ALPHABETH POLITIQUE.

O—P.

OBjet. Lorsqu'on veut éluder quelque promesse faite dans un Traité de paix, & qu'on n'ôse la violer ouvertement, on dit, que c'est un objet trop petit, dont on remet l'examen à un autre tems, ayant actuellement des affaires de plus grande conséquence. Par là on gagne du tems, & on fait ce qu'on juge à propos.

Odieux; *les plus odieuses :* c'est ainsi que nous appellons toutes les expressions, les vuës, & actions de nos Ennemis.

Offensant: *Des expressions offensantes ; des termes offensants.* Nous reconnoissons pour tel tout ce que la verité elle même ôse dire contre nous: Car c'est blesser notre *Decorum*, ou l'estime qui nous est duë, & (comme il a été dit sous *abominable*) nous n'aimons pas les gens qui ont la memoire fidéle.

Offensif. Il a été montré sous défensif, qu'il n'y a point de moyens *défensifs* qui ne soyent *offensifs* à nos yeux.

P.

PAIX. *Traité de paix.* Par un Traité, une conclusion de Paix, on determine les conditions, sous lesquelles deux ou plusieurs parties contractantes s'engagent à observer la paix religieusement. La violation commence par la Contravention, & va jusqu'à l'aggression; & si l'une des parties oppose la force à la force, cela se nomme Guerre ouverte. Il a été remarqué sous le mot PIECES AUTHENTIQUES, que nous autres nouveaux Politiques tenons toujours prêtes quelques explications sur chaque article d'un Traité de Paix, afin de pouvoir remettre à un autre tems, ou refuser même l'observation de ce que nous avons promis; & comme nos Ennemis exigent l'accomplissement de nos promesses, ils ont sans-cesse de nouveaux sujets de se plaindre. Cependant nous continuons nos demarches, & enfin nous nous écrïons, *que nous n'avons pas été les premiers à agir contre le Traité de Paix.* Il faut être ingénieux en prétextes de plaintes, n'être jamais content, ni tomber d'accord des objections qu'on nous fait. On change ou on omet les dates, pour éviter les chicanes Chronologiques. Les alliances defensives, les armements, éloignés mêmes, sont regardés comme *énormes*, *épouvantables*, *formidables*, *détestables*, *irraisonables* &c. Cela suffit pour accuser nos voisins d'avoir fait la premiére aggression, tout comme me le loup accusa l'agneau innocent. Là dessus, tout en demandant une Declaration (voyez CATEGORIQUE) on passe les frontiéres, on envahit le païs de l'ami qui se trouve sur notre chemin; & en criant contre la prétendue reponse trop hautaine, on commet hardiment les premieres hostilités, comme defensives; le tout suivant les Régles de *convenance, de la raison de Guerre en tems de Paix, de la propre sûreté, de la conservation de la Gloire & de la Dignité, & des efforts pour la paix* &c.

Certains Chicaneurs dans le Droit des Gens prétendent, que durant une Paix conclue pour toujours, on ne pourroit pas faire une suspension d'armes pour quelques années, parceque celle-ci supposeroit la Guerre, & que les deux parties s'arrogeroient le Droit, de limiter une paix faite pour toujours, à un certain tems, au bout du quel elles recommenceroient la guerre. Mais tout cela n'est que pure pedanterie, & ne peut en aucune façon tenir contre nôtre Politique militaire.

Aprés avoir declaré aggression, les moïens que prend notre adversaire pour se defendre, nous estimons la Paix rompuë par ce seul fait; par conséquent une suspension d'armes trouve place. Nous demandons, que chacun mette bas les armes; nous nous retirons en quelques Places, toujours sur nos gardes comme nous l'étions déja. L'adversaire ne se tenant plus sur les siennes, alors nous pouvons d'autant plus seurement faire nos efforts pour la paix générale.

Bienque la paix publique de l'Empire Germanique, l'Ordonnance de la Chambre Imperiale, les Recefs de l'Empire, la Paix de Weftphalie, foïent des Loix fondamentales de l'Empire ; néanmoins, felon notre Politique, elles fe trompent fur la détermination de ce que c'eft que la *violation de la Paix publique.* Declarer la guerre à un voifin, l'attaquer à main armée, ce n'eft pas encore affez pour être cenfé dans le cas, quoiqu'on n'ait même pas de pretention fur lui ou fur fon païs. Car, *lorsqu'on n'a aucune prétention, par confequent aucune raifon, ni aucune apparence de Droit contre fon Voifin, en ce cas il n'y a pas non plus de violation de Paix.* L'auteur des *Reflexions Patriotiques* a mis cette Régle à la tête de ce favant Ecrit, comme une des importantes maximes pour l'inftruction de la Pofterité. Par confequent moins on a eu raifon d'attaquer, moins l'attaque merite-t-elle le nom de violation de la Paix publique; & plus cette Invafion eft injufte & éloignée de raifon, plus elle fera conforme à la Paix publique de l'Empire Germanique.

PARTAGE. *Traité de partage:* Savoir, *comment les ligués partageront les païs conquis, en cas qu'ils foyent attaqués & qu'ils obtiennent quelques avantages fur l'Ennemi commun.* Un tel Traité defenfif & de Partage, eft regardé par nous comme *offenfif*, quand même il ne feroit pas conclu, étant du nombre des

des Conventions auxquelles nous donnons le nom de *Conspirations*, de *Complots*, de *Machinations*. &c.

PARTIAL. Ici l'imagination d'un homme d'Etât doit faire ses efforts, pour taxer d'une *partialité pleine d'aigreur*, tout ce que font nos Ennemis. Cela est necessaire sur-tout, lorsque dans une Assemblée illustre & respectable, la pluralité des voix est contre nous; alors il n'y a pas d'autre moyen de sauver au moins les apparences de raison. Nos adversaires ne nous égalent pas en cet art. Prennons-en pour exemple l'Assemblée de l'Empire. Un Politique expert reconnoîtra que le Droit est de notre côté; que nous ne pouvons pas manquer d'avoir raison; & qu'à moins d'être partial, on ne peut pas nous en disputer la prérogative. Il reconnoîtra par consequent, que les principaux membres seculiers qui sont en dissentiment sur notre Compte dans l'Assemblée de l'Empire, sont partiaux; &, que quoique pour la plûpart liés entre eux par le Sang, ils devroient se joindre à nous, sans craindre le reproche de partialité: Car c'est à notre Politique qu'il est dévolu d'en juger; nous sommes infaillibles. Les adversaires n'ont que les Loix pour eux; Or ces Loix sont sujettes à notre explication; & leur vigueur pourroit'elle se soutenir devant notre Politique militaire? S'il arrive que quelcun qui nous est Parent ou Allié prenne neanmoins le parti de nos adversaires, alors on trouve occasion de crïer à la séduction d'un coufin ou d'un beaufrere, commife par les Envoyés, ou pour mieux dire, par des *Emiſſaires*, quand il s'agiroit même du Chef de l'Empire. Quoique le peu de Membres qui fe font déclarés pour nous, ne l'aient fait que pour avoir eu tout à craindre de notre Puiſſance, dont ils font pour ainſi dire envelopés ; nous favons cependant faire valoir, que quelques-uns n'ont été detournés de voter en notre faveur, que par la crainte d'une Puisfance ennemie. Nous ne favons pas moins bien établir, que des conſiderations domeftiques ont pareillement porté plufieurs membres du Confeil à la Partialité, n'y ayant pas un feul des Princes Germains qui n'ait ou un frere, ou un coufin engagé aux fervice militaire d'une des plus puiſſantes Couronnes, ou qui n'y jouiſſe lui même de quelque bon Regiment. Les Princes, difonsnous, qui n'ont d'autre faculté que leurs terres, n'ont point à cœur le Bien & la Liberté des autres membres de l'Empire, ils préférent leurs Intérêts domeſtiques, & fe reglent fur les Maximes de la Cour, dans les Etats de laquelle leurs terres font fituées. Pour ce qui concerne les Membres des Etats Eccleſiaſtiques de l'Empire, nous n'avons qu'à mettre en avant le Nepotiſme, les Prébendes &c ; auſſi ne ceffons-nous de répéter, que pour de pareils avantages, foit réels, foit en eſperance, ils ont eu la complaiſance de vendre leurs voix. On n'a que faire de rien prouver à à cet égard; le monde croit volontiers tout ce qui ſe dit contre les Eccleſiaſtiques. Enfin le Prétexte le plus efficace, pour nous faire adjuger tout le bon Droit envers & contre qui que ce puiſſe être, c'eſt celui de la Religion; il n'en faut point d'autre pour rejetter comme partiaux, tous ceux qui en profeſſent une differente de la nôtre; quoiqu'il n'y aye aucune connexion entre le Culte Divin & la Guerre preſente. En un mot, le Politique habile reconnoit pour partiaux tous ceux qui tiennent à ſes Adverſaires; &, pour ſes partiſans, pour des eſprits bien intentionnés & épris d'un zèle pur & ardent pour la bonne Cauſe, tous ceux qui embraſſent ſon parti. Il n'eſt pas là craindre, que nos adverſaires uſent en cela de repréſailles; ils ont moins de hardieſſe en diſant la verité, que nous n'en montrons pour ſoutenir nos inventions: l'Effronterie eſt une vertu propre à nôtre Politique.

PARTISAN. Ce mot n'eſt pas ici générique comme le Partiſan un tel, d'une telle Armée; il ſignifie en general quelcun qui ſe déclare pour un autre Parti que le nôtre.

PATRIOTIQUE, ou, *Zélé pour la patrie*: par exemple, *des Sentimens Patriotiques.* Rome avoit ſes *Decius*, *Mucius*, *Horatius*, *Curtius*, *Brutus* &c. qui ſe devouérent pour la Patrie; Mais n'ayant été ni Politiques, ni Princes ni Rois, ils ne peuvent nous ſervir de Modèles. Dans un Etat comme l'Empire, le membre qui ſe veut montrer politiquement *Patriotique*, doit avoir ſur pied une grande Armée, qui à tout moment se trouve en état de s'oposer au Chef. Il ne vêcut jamais dans le Monde personne aussi capable que nous de representer le *Patriote* en ce point. On soutient cet imposant début en se mettant à critiquer les Chefs, à s'échaufer contre des vuës ambitieuses, à blâmer les Conseils lorsqu'ils font le mieux leur Devoir, & à rendre les uns & les autres suspects de partialité. Les adversaires craignant cet épouvantail, chercheront leur seureté dans nos bras; & qui tient à nous est *Patriote*; Eh! quelle protection seroit preferable à la notre? Qui est plus Zélateur de l'indépendence des Membres de l'Empire que nous? Nous leurs donnons l'exemple, en n'obéïssant ni au Chef, ni à l'Etat; Nous expliquons les loix selon notre Politique. Poussés par notre Zéle patriotique, nous passons les frontiéres & exerçons des violences dans tous les pays que nous pouvons atteindre, afin de parvenir à la Liberté generale.

PAYEMENT. Il faut bien le distinguer d'avec *païer*. Par exemple, *je me suis engagé au païement d'une dette, en recevant une terre, cela ne veut pas dire que je me suis engagé à la païer*, mais tout au plus *de permettre à un autre, à qui la fantaisie pourroit en venir, de la payer au Crediteur*, sans y ajouter du mien. Voilà la grande difference entre *le Roi s'engage au païement*, & *le Roi s'engage à payer*; Nos adversaires ne l'ont jamais compris,

pris, & nous l'avons les premiers fait connoitre au monde.

PERNICIEUX. Epithéte qui ne donne pas peu de rélief: par exemple, *des desseins pernicieux*, &c. C'est l'Epithéte que nous donnons aux Desseins de nos adversaires.

PERSONEL, se joint à *Amitié*, *Estime*: comme, *l'Estime personelle pour l'Electeur de Saxe.* Voyez AFFECTION.

PERMIS, NON PERMIS. La manière d'agir de nos adversaires est *non-permise*. Chacun reconnoîtra la justesse de cette expression; car nos ennemis ne pourront pas se vanter de notre consentement aux moindres de leurs Demarches.

PERTURBATEUR. Nous comprenons sous ce mot, non seulement tout ce qui trouble la Paix publique, mais aussi le Repos du Corps, savoir le sommeil. Cela se fait médiatement ou immédiadement. C'est sans doute aussi la pènsée de l'Autheur des Refléxions Patriotiques, quand il dit: *que l'Imperatrice Reine avoit troublé le repos, par des pernicieux desseins, en faisant ses préparatifs de Deffensive.* Et cela est vrai; Car, supposons le cas: Je songe toute la journée, & la plus grande partie de la nuit, comment je pourrai faire, pour entrer dans la maison de mon voisin; j'apprend, qu'il ferme les portes aux verroux, qu'il change les serrures, que les fenètres sont garnies de treillis. Que d'insomnies ne me cause-t-il pas? que de peines, jusqu'à ce qu'enfin je trouve quelque moyen pour parvenir à mon but. Voilà ce qui s'apelle troubler le repos. Mon voisin est donc perturbateur du repos. L'exécution de mon escalade me devient pernicieuse par le plus de peril que j'y trouve, & parceque le manque de sommeil me tourne quelquefois la cervelle. Tous les medecins habiles attesteront ce dernier fait.

PIECES AUTHENTIQUES, sont dans la Politique des piéces incontestables, par lesquelles nous convainquons les autres, & les obligeons à quelque chose; ou par lesquelles nous sommes convaincus, ou obligés à quelque chose par les autres: Par exemple, les Conventions, Traités de paix, Alliances &c. si elles sont necessaires, l'art de s'en servir avec avantage l'est encore plus. Elles nous semblent souvent mettre obstacle à nos Entreprises; mais elles ne doivent pas nous empêcher d'exécuter ce qui nous convient. Les circonstances, la situation des conjonctures politiques peuvent servir d'excuse, ou bien de prétexte du rétardement de l'exécution. La liberté de faire, ou de ne pas faire, nous demeure toujours; Il faut seulement savoir les expliquer. Nous autres politiques sommes prudens; nous ne sommes obligés à rien de ce que nous ne voulons pas remplir: nous connoissons au contraire, fort bien, les obligations de nos Antagonistes. Nous avons toujours raison, & il ne se peut pas que nous ne l'ayons pas: *Expliquer*, *inventer*, *se plaindre*, *accuser*, *prétendre*, c'est-là l'heureux pivot sur lequel

quel roule la machine de notre Politique.

Outre ces Pieces authentiques publiques, il y en a aussi d'autres, dont un homme prudent peut tirer encore de plus grands avantages : savoir, celles qui n'ont pas encore paru aux yeux de tout le monde. Du nombre de celles-ci sont les pièces imaginaires, qui n'ont jamais existé, ni n'existeront jamais : par exemple, je dis; une telle Alliance un tel Traité a été fait pour me nuire ; on dit que non? j'y persiste, & je l'appelle un mistére d'iniquité. Que faut il d'avantage pour le prouver ? Cela me suffit, pour m'en plaindre, pour en demander une explication, & pour en tirer ma satisfaction sans violation de Paix. Après ces pièces imaginaires viennent les articles separés ou secrets de quelque Traité public, qui existent réellement, quoiqu'ils ne soïent pas publiés. Tant qu'ils ne paroissent pas au jour, on procéde contre eux comme contre des pièces imaginaires ; & l'on nie hardimenr leur existence. S'ils paroissent, & qu'ils contiennent peut-être le contraire même de ce que j'avois avancé, qu'importe ? Cela ne m'embarrasse pas : Je dis d'un ton ferme, *que je sais positivement, que ces Conventions innocentes selon l'apparence, cachent d'autres menées, des machinations, des desseins pernicieux & mechants.* Et si je persevére effrontément dans mes suppositions, elles me donnent le même avantage que les Piéces-Autentiques. Enfin les let-

lettres, les Rélations, les billets qu'on prétend que les Ambaſſadeurs, Miniſtres ou autres Perſonnages ſe ſont dit ou écrit, des discours qu'ils ont tenus dans un Caroſſe ou ailleurs, ou des penſées que nous leur attribuons, appartiennent auſſi à cette claſſe. On procéde avec celles-ci tout comme avec les imaginaires, ſi on ne peut pas les produire; Auſſi n'y eſt-on pas obligé. Mais quand on ajoute encore: qu'on en eſt inſtruit par des voïes certaines; qu'on en a les copies entre les mains, ou qu'on eſpére de les avoir, alors la choſe eſt claire & hors de Conteſtation. Si l'on veut, ou ſi on peut produire quelque original, il n'eſt pas néceſſaire qu'il prouve ce que l'on a avancé; car le vulgaire ouvre les yeux & la bouche ſeulement ſur le titre, *Ecrits originaux & Piéces authentiques*, pour prendre avidement l'air frais de leur prévention en notre faveur, & n'exigent pas que nous leur en donnions plus que nous ne jugeons à propos. La Date des Ecrits ne fait rien à la choſe, on peut la changer, & mettre un Traité de partage d'un tems paſſé de Guerre, dans le tems de paix qui l'a ſuivi. On peut auſſi omettre ce qui nous eſt contraire; cette abbréviation eſt nommée entre nous, *Menagemens de la patience du Public*: Car quel lecteur prendra plaiſir à une longueur inutile? Changer quelques mots, on ſubſtituer d'autres, n'eſt pas non plus une faute; c'eſt ſuppléer par notre clarté à l'obl'obſcurité de l'Ecrivain : Pas un Gloſſeur ou faiſeur de commentaires des Ecrivains grecs, ou Interprête d'anciens manuſcrits Gothiques & d'Inſcriptions Hetruriques, ne nous blâmera en cela. Il faut donc que nous autres Politiques modernes ſoïons ſavans, ou que du moins nous paſſions pour des Mecenes, Protecteurs des Savans ; alors nous avons gagné plus de la moitié, nous ſerons admirés de la Poſterité, & immortels par nos ouvrages.

PIVOT, *ſur lequel roule une roue ou autre machine.* Nous diſons dans le ſens politique, Le Miniſtre de Saxe étoit le *Pivot de la discorde* ; L'ambition de nos adverſaires, leur deſir d'étendre leur domination, étoient le *Pivot des Alliances defenſives entre l'Autriche & la Ruſſie*, ou plutôt des *concerts offenſifs*, des *Machinations*, des *Conſpirations*, des *Complots* &c. Nous pouvons, ſi nous voulons, employer ce mot en parlant de nous mêmes : La connoiſſance de nos forces eſt le pivot de nos demarches pacifiques ; La miſére de nos Etats eſt le pivot de nos forces & de notre grandeur ; La rapine d'hommes, eſt le pivot qui les ſoutient ; la violence eſt le pivot de nos juſtifications ; le ſang de nos ſujets eſt le pivot de notre gloire, ſemblable à un moulin à vent ; La Sileſie eſt le pivot de nos richeſſes & de notre Commerce ; promettre, nier, jurer, ſe parjurer, forment le pivot de notre Droit public. L'orgueil a ſouvent

vent été le pivot de malheur & enfin de la perte entiére.

POLITESSE. C'eſt une vertu que doit principalement pratiquer l'homme d'Etat. Les adverſaires ont bien une eſpéce de politeſſe; mais elle eſt fort differente de la nôtre. Ils n'emploient pas comme nous des expreſſions menaçantes dans leurs Ecrits publics; ni contre un Prince, des termes que des gens delicats prennent pour groſſiers. Devions-nous pour cela en parlant des Princes ou de leurs Ambaſſadeurs, ne pas faire uſage des accuſations de *malice*, de *mechanceté*, de *tours* de *fineſſe*, de *fauſſeté*, de *menſonge*, de *Complots*, de *Conſpiration*, de *Rodomontades*, de *Partialité*? S'ils nous ôtent cet ornement, ce pivôt de notre éloquence militaire politique, que nous reſtera-t-il pour prouver ce que nous voulons ſoutenir? Par cette ſuppreſſion les Ecrits même du ſublime P***, auroient tant de lacunes, qu'ils perdroient la motié de leur poids, même en papier. Comment le rempliroit-il, tout grand homme qu'il eſt? Il eſt vrai, aux Cours des adverſaires & dans leurs païs, cette façon de parler eſt inouïe. L'homme du commun s'en offenſeroit; mais ſur tout la Nobleſſe eſt trop délicate ſur ce point. Voilà donc le fruit de la trop grande autorité que s'eſt acquis la nobleſſe dans les Cours, & nous avons bien fait de changer cela. Nous ſommes accoutumés à des expreſſions que d'autres peuples ne ſouffriroient pas avec indifference, & leurs Soldats mêmes ne verroient

roient pas avec moins d'aigreur, qu'on les traite en face, de bourreaux, de mechans garnemens: Mais chez nous, tout est Génerosité; nous apprenons dès la jeunesse, à mepriser ces bagatelles. Un Directeur de la Diète nous fait donc grand tort, de vouloir juger selon son intelligence, & non pas selon la notre, si une expression est polie ou non. Nos adversaires nous temoignent une politesse qui ressemble à l'orgueil; Ils sont accoutumés à l'arrogance, qui se manifeste assez par la reponse laconique de l'Imperatrice à notre excellent *soussigné Klinggræf*, à qui on fit signe que l'audience étoit finie, après avoir repondu à ses propositions? Que n'entra-t-elle en conversation familiére avec Klinggræf, qui la menaçoit avec tant de politesse? Pourquoi ne pas lui offrir un Jeu ou quelqu'autre divertissement dans la Salle d'Audience? L'Imperatrice auroit bien pû avoir cette complaisance & les autres dont j'ai déja parlé, pour éviter le reproche de passer pour orgueilleuse.

POSTERITÉ. Par la posterité de quelqu'un, on n'entend pas les personnes qui ont vécu avant lui : les Patriarches, par exemple, ne sont pas la posterité d'Angria ; mais celui-ci, aussi bien que ceux-là, sont la posterité d'Adam. Cela nest-il pas fort savanment medité?

ALPHABETH POLITIQUE.

P—Q—R.

Précautions *suffisantes.* Il n'y a que nos précautions pour la propre sureté, nos moyens pour établir une Paix generale, qui soïent suffisans L'experience a appris à nos adversaires, que ni leurs précautions pour leur sureté, ni leurs moyens pour se defendre, ne l'étoient pas contre nous. Cependant, il faut que toutes nos précautions, contre tels ou tels autres que nous pouvons craindre, soyent telles que nos ennemis les reconnoissent pareillement pour suffisantes. Les Politiques antiques estiment suffisantes les précautions conformes à la grandeur du peril, & ne conviennent pas de certains moyens violens, que quand le danger même est réel & grand: Il faut être sur sa defense, attendant que l'Ennemi, disent-ils, ait fait des hostilités, avant que de pouvoir en faire avec juste raison; autrement on devient l'aggresseur, & le perturbateur de la Paix; un danger imaginaire où il n'y a aucune violence, ne donne pas le Droit d'agir violenment & à force ouverte. Quelles étranges Maximes par rapport à notre Politique nouvelle! Il a été souvent dit, que toutes les Alliances defensives nous offensent, & par conséquent sont offensives; Et dès-là, jugeant des autres par nous mêmes, nous tombons dans le soupçon: Nous sommes entreprenans; que pouvons-nous esperer autre chose des

 voi-

voiſins qui augmentent leurs forces ſur le même pié que nous ? Si notre voiſin eſt innocent du deſſein de nous ſurprendre, dont nous le ſoupçonnons, qu'importe ? nous ne le ſavions pas, ou, ne voulions pas le ſavoir: Il ſuffit de dire que nous le croions coupable, pour être en Droit de prendre des Précautions ſuffiſantes pour notre ſûreté. J'avance un exemple connu, ſavoir notre Depôt Sacré. Lorsque nous occupions la Saxe, nous ne diſions pas, qu'elle avoit pris part aux menées des autres Cours que nous accuſions ; encore moins, qu'elle avoit euë l'intention de nous ſurprendre; Nous diſions ſeulement, que nos ſoupçons, pourroient fort bien être fondés. Nous n'ignorions cependant pas certaines Circonſtances, qui ſembloient détruire tout ſoupçon ; par exemple, que la Saxe avoit congedié la plus grande partie de ſes troupes, & qu'elle en avoit peu ſur pied dans le tems où nous diſons qu'elle étoit entrée dans la ligue; mais ne pouvoit-on pas les remettre ſur pied en un tems incommode pour nous ? Cette poſſibilité nous ſuffiſoit, pour ne pas en attendre la realité: niera-t-on toute poſſibilité de moïens ſuffiſants pour la défenſe & la conſervation ? On nous offrit la Neutralité avec quelques Places fortes pour gage: Cela auroit paru autrefois une aſſez grande Caution; mais pourroit-on nous faire des propoſitions qui nous aggréent? premierement à cauſe de notre *Raiſon de guerre en*

tems

tems de Paix, *de la Convenance*, *du malheur du tems*, *de nos Efforts pour la Paix*, & de tant d'autres *motifs concourens & urgens*. Deuxiémement, Nos ſoupçons ſe fondants ſur la poſſibilité, les précautions ne ſeroient pas ſuffiſantes, tant qu'il reſte l'idée de quelque force capable de nous incommoder dans l'exercice de la charge de Depoſitaire Sacré, que nous avons priſe ſur nous.

Cette précaution eſt juſte, car qui ſait par quel changement de tems une choſe qui ne paroît pas poſſible maintenant, ne le ſeroit pas dans l'avenir? Nous dépouillons donc les arſenaux de nos voiſins, afin de n'avoir rien à craindre d'eux, quand même nous ſerions obligés un jour à abandonner le Depôt. Nous faiſons leurs troupes priſonniéres de Guerre, & les forçons à notre ſervice: Cette augmentation de forces donne plus de ſeureté, afin de faire réüſſir comme nous l'eſperons, nos Efforts pour la Paix Les quartiers d'hyver de nos troupes nombreuſes en Saxe, les Contributions, les Douceurs, que nous prenons d'une ville commerçante comme Leipzig, épuiſent le bourgeois & ruine le Commerce qui enrichit toute la Saxe; la depoſition, & la miſere des Grands y contribue auſſi: plus ils ſont foibles, moins nous avons à craindre d'eux; & nous les mettons dans un tel état, qu'en pluſieurs années ils ne pourront pas reprendre leurs forces: par conſéquent, ils reſteront dans l'impoſſibilité d'effectuer nos ſoupçons. Au ſurplus, on leur fait entendre, que les fautes de leur Cour, & principalement les fautes du premier Miniſtre, leur avoit attiré ce malheur, ainſi qu'au Roi. On promet, de faire de meilleurs Reglements, d'abolir le faſte, & le Luxe, comme la cauſe de leur perte, & qui conduit à la miſere; On s'engage à defendre la Religion mal protegée, ou ſi l'on veut, opprimée même, & de lui donner plus d'eſſor. Bien que les autres appellent toutes ces précautions, des moïens faux, violens, injuſtes, nous les nommons *ſuffiſans*. Fuſſent-ils tels que diſent les Ennemis, ils ſont néanmoins auſſi tels que nous les voulons, ſavoir, *ſuffiſans*, & cela pour un tems aſſez long.

PREVENIR. Nous eſtimons pemis, ſuivant la Régle de ſûreté du Païs, & de précautions, de prevenir celui qui n'a point du tout l'intention de nous faire du mal. Voïez DEFENSIF, AGGRESSION, EFFORTS.

PROTECTION. Les Politiques *patriotes* comme nous, prennent tout ſous leur protection. Le tems apprendra, comme nous protégerons malgré les habitans, jusqu'à la derniére ame & le dernier obole, nôtre Depôt Sacré, contre ſon Prince & ſes Alliés.

PROVOQUER. Autant qu'*appeller*; par exemple, *provoquer hardiment au Public*. C'eſt une eſpéce de nos preuves, mais qui n'a pas le même poids que de prendre Dieu même à témoin. Nous faiſons & l'un & l'autre en toutes les occaſions.

Q—R.

Q.

QUARTIER. Ce mot se trouve fort souvent dans nos Ecrits : comme, *Quartiers pour cantonner*; *Douceurs pour les quartiers d'hyver*. Nous prouvons par le premier, que nos voisins n'avoient rien à craindre, ni par conséquent, aucune raison de songer aux moyens de se defendre.

Nous disons, *nos troupes étoient dans les quartiers de Cantonnement* ; pour signifier, que nous n'aurions point pensé à exercer *nos Efforts pacifiques militaires*, au moins pas sitôt, si on ne nous y avoit contraint par ses Alliances defensives, ou ses *Conspirations*, & par la declaration *laconique*, *vague* & *pleine d'arrogance*.

C'est une des premieres Regles de notre Politique pacifique militaire, que les quartiers de nos troupes soïent disposés vers les frontiéres, de sorte, qu'en 5. ou 6. jours on puisse assembler & faire entrer dans le païs du voisin une Armée de 50000. a 60000. hommes. L'attirail pour la marche, les chariots, la grosse artillerie ne sont pas éloignés, & se trouvent toujours prêts à s'en servir en tems de paix ; on prend les chevaux par force, a tous momens, quand on le trouve à propos. Dans chaque Place frontiere il y a des Magazins remplis : en attendant qu'ils nous suivent, le païs où nous entrons fournit le necessaire. Y a-t-il une Puissance dans le monde, qui, comme nous, puis-

puiſſe commencer une Guerre ſans faire des préparatifs quelques mois auparavant ?

Par l'arrangement de nos Quartiers il eſt certain que perſonne n'eſt aſſeuré durant huit jours, de ne pas recevoir une viſite de notre part ſans y être preparé ; mais auſſi les voiſins ne ſont ils pas des Politiques militaires, & ce n'eſt pas à eux à ſe mettre en état de defenſe en couvrant les frontiéres de leurs Pays, en faiſant fortifier les Places, exercer les troupes ; leurs mouvemens ſont une offenſe qu'ils nous font, une *Aggreſſion.*

RAI-

R.

RAISON DE GUERRE. C'eſt la coutume, ou les uſages reçus entre les Nations policées en tems de Guerre. Nos ancêtres ne ſavoient pas s'en ſervir en tems de Paix : l'Europe étonnée en voit le premier exemple dans notre *Depôt Sacré, pris par Raiſon de guerre au milieu de la paix*; ce qui fait voir, combien notre Politique martiale eſt préférable aux autres; Elle a le Droit de faire des demarches contre des amis en tems de paix, qu'autrefois on ne faiſoit qu'en tems de Guerre contre des ennemis; Nous uniſſons la violence avec la moderation. Cette Politique ayant ſes ennemis, nous ne ſerons jamais dans l'embarras d'en manquer par notre negligence, nous ſommes trop actifs, trop inventifs pour cela. La machine martiale, ſeroit peut-être trop grande pour être ſoutenue à la longue par ſon propre pivot: c'eſt pour quoi nous allons en prendre les moyens chez nos Voiſins; qui ne veut pas nous le permettre, eſt notre ennemi, car il ſouhaite notre perte, en nous refuſant ce qui nous eſt néceſſaire. Mais qui eſt-ce dans ce monde corrompu, qui nous veuille du bien ? aſſurement perſonne dans le fond. C'eſt pour-quoi nous uſons de la *Raiſon de guerre* contre qui que ce ſoit, ſans violation de paix. Voyez CONDUITE, DEPÔT. Il ſeroit ſuperflu d'arpenter l'étendue du Droit de notre Raiſon de de guerre, nous le ferons toujours voir dans les occasions. Si nos adversaires avoient prévu le cas arrivé avec la Saxe, ils auroient pris leurs mesures plus efficacement. Le Secret de notre Doctrine, les inventions, les prétextes toujours nouveaux, en font partie; ou bien, ce sont nos principales *Raisons de guerre.*

RATION, vient du latin, & il a meilleure grace que les mots *Raison*, *Preuve.*

RECIPROCITÉ, *reciproque*, est latin & françois; il marque un retour, soit d'amour, d'amitié, de commerce, & de confiance; ou de haine, d'envie, de fraude &c. Nous prétendons la Reciprocité de l'amitié & du Commerce en certains points, mais non pas en tous les autres. Nos voisins ne veulent pas le comprendre; ils pretendent, que lorsqu'ils cedent en quelque article, que nous en fassions de même: Ce sont des *conceptions* erronées. Leur Politique n'est pas militaire comme la notre; leurs Provinces ne sont pas dans un état aussi pauvre que les notres; elles peuvent par conséquent mieux supporter un petit dechet dans le Commerce que les notres. Ils doivent diminuer les péages; mais non pas nous. L'entrée de nos marchandises doit être plus facile chez eux, que les leurs chez nous; notre monoie peut être d'un moindre aloi que la leur, afin que sa valeur supplée doublement à ce qui

qui manque à la notre. S'ils vouloient nous aider à faire ce profit, nous reconnoîtrions leur amitié, par un retour sincére, nous établirions une reciprocité parfaite, en mettant sur un même pié leurs païs unis avec les notres. Mais s'ils vouloient augmenter leurs forces militaires (ce qui leur est plus aisé qu'à nous) nous ne le leur pouvons pas permette; nous ne sommes pas dans l'obligation de le souffrir comme ils le sont à notre égard: Point de Reciprocité en cela. La raison en est toute claire: Nous avons un Etat politique militaire, & le leur au contraire n'a pour fondement que la Morale & le Droit des gens.

REGLES. Les regles de prevoïance consistent en ce que la prévoïance soit suffisante; elle ne l'est pas, si par notre negligence, il reste encore à quelqu'un assez de forces pour nous nuire: voyez *Suffisant*, *Efforts*.

REGULIER. Nous demandons une *declaration reguliere*: elle doit être *catégorique*, *suffisante*, & *positive*, comme nous pretendons qu'elle le soit.

RELIGION. Ne trouvant pas un mot dans notre Politique pour exprimer le culte divin, nous l'avons emprunté du latin des Ecclésiastiques. Nous devons être les plus grands Zelateurs pour le maintien de l'idée que les Théologiens eux mêmes attachent au mot Religion, pour montrer au monde, jusqu'où elle peut être poussée par une Réligion militaire convenable à notre Institution; Mais n'étant pas encore connue, on ne manquera pas de nous demander *quelle est-ce d'entre tant de Confessions de foi, que votre zéle veut entendre? JESUS CHRIST n'a pas établi sa Doctrine pas l'épée: il faut donc se déterminer pour un autre. Les Missions Mahometanes faites l'épée à la main, qui ont tant ravagé d'Empires en Europe & en Asie, ont relaché beaucoup de leur férocité anterieure, & inspire au grand regret de nos Politiques des sentimens humains & charitables.*

Notre *Rexin* & *Varenne* ont perdu leurs paroles avec ces Barbares en Politique, qui n'ont pas reconnu notre bonne intention, de les rendre possesseurs du Royaume d'Hongrie préferablement aux Chretiens d'Autriche. Nous serions entrés en Moravie, en Boheme; & par accident la Doctrine de l'Alcoran auroit pû se rependre, tandis que nous aurions reduits les autres Chretiens. Mais cette Nation prefére aujourd'hui le nom stérile d'homme de bien, & qui ne viole pas sa parole, à la Gloire, & à l'avantage, de notre *Zéle de Religion-politique-militaire.* Nous ne pouvons donc

pas

pas les prendre pour modèles, d'autant plus qu'ils témoignent même avoir compassion de notre cher Ami *personel*, & d'un *Depôt Sacré* pris avec la moderation la plus innocente. Qui nous prendra nous autres pour exemple, sera bientôt tout-à-fait éloigné des sentimens antiques.

RÉLIGION; *Liberté de religion.* Elle a été établie par la paix de Westphalie en faveur de la Réligion Evangelique. Il n'est pas étrange, de s'ériger en Zelateur de cette liberté, quand elle vient à être troublée; mais un homme d'Etat saura le faire en tout tems, & quand même il est le moins necessaire. Ici, comme aux *sentimens patriotiques* il faut (1) une Armée nombreuse sur pié. (2) Qu'un Politique, quoique toutes les Religions soïent une même chose pour lui, en confesse néanmoins une differente de celle du Chef. (3) Qu'il crië contre des lesions inconnues à tout le monde; qu'il se plaigne de la partialité du Chef, des Chancelleries, & d'autres Princes de la même Rélipion du Chef. Car je ne crains pas, qu'un seul de nos Politiques soit assez novice, pour ne pas savoir former des plaintes de tout, & les tirer de son sac pour en faire usage, quand il en est tems. Et si toutes-fois il ne savoit rien inventer, ce qui est fort difficile à croire, ne lui suffit-il pas de dire: *Le Chef, le Juge a une forme de Religion differente de la notre, par conséquent il est partial.* Il y avoit des Guerres de Religion avant

avant la Paix de Weſtphalie, maintenant donc il y en a auſſi. Mon Voiſin Catholique arme & ſe fortifie pour ſe defendre contre moi, qui me nomme Reformé, & qui allois l'attaquer; ainſi les Catholiques ont commencé une Guerre de Réligion?

Après avoir étalé cette demonſtration, on s'écrïe : *Quiconque aura réellement à Cœur le Bien de l'Empire & de la Réligion, les immunités acquiſes, par une effroyable effuſion de ſang, n'a qu'à ſe ranger avec confiance de notre côté.* Le peuple de nôtre pays, en eſt étonné ; celui des autres pays croit en partie ce que nous mettons en avant; Quelques Prêtres, à qui hors de leurs Gymnaſes & de leurs Chaires le reſte monde eſt auſſi inconnu que les terres auſtrales aux Geographes, s'accordent auſſi-tôt avec les crïeurs. Le peuple d'un païs pris en depôt ne ſentira peut-être que trois jours après, la péſanteur de ſes chaines, qu'il auroit dû ſentir dès le premier jour : s'il n'en reſulte d'autre avantage pour l'homme d'Etat, il gagne au moins du tems, & cela ſuffit pour la Politique martiale ; nous mettons ces inſtans à profit en nous emparant de nouvelles poſſeſſions: notre Puiſſance va ainſi croiſſant & s'affermit ; le reſte réüſſira de ſoi même, bien ou mal, ſelon les accidents.

IN RELIGIOSIS ET PROFANIS. En repetant maintes fois cette phraſe dans ſes Ecrits, on fait connoître qu'on a du moins paſſé quelques mois chez un Marguillier, & qu'on a beaucoup appris de ce qui peut faire honneur à un Ambaſſadeur, ou à un Homme d'Etat.

REPONSE. C'eſt l'explication d'une choſe ſur laquelle on a été queſtionné. Il y en a de trois ſortes: l'obſcure; l'intelligible, mais laconique; & la cathégorique, qui eſt la meilleure & ſeule *ſuffiſante*. Voyez CATEGORIQUE, LACONIQUE.

RESSORT, Nous diſons des Ennemis, *les Reſorts qu'ils ont fait joüer*, *ſont de vilaines machinations*, *des conſpirations* &c. Quant à nous, les Reſſorts de notre machine politique militaire ſont cinq: (1) promettre; (2) rompre ſes Traités; (3) nier; (4) forcer; (5) ruïner.

RESTITUTION. Ce mot eſt connu, mais nous ne reſtituons rien.

RETORSION. Il ſignifie retourner ou repouſſer par force une choſe vers le côté d'où elle eſt venue. La torſion eſt une action violente conforme à notre Politique: C'eſt pourquoi cette phraſe, *tordre le col* eſt tant en vogue entre nous. Pour la *retorſion* il n'eſt pas neceſſaire, que celui qu'on veut rétorquer nous ait fait du mal; il ſuffit de l'en l'en ſoupçonner ſur une Alliance defenſive, comme celle, par exemple, qui s'eſt conclue entre l'Autriche & la Ruſſie, & qui a été le pivot *du malheur du tems*; alors, au lieu de retorſion, on uſera toujours du Droit de retorſion.

RETRADITION. C'eſt une terme de jurisprudence, pour dire *remettre*, *rendre une choſe*. Par exemple, le Memoire de Klinggræf auroit bien merité la *retradition*.

RODOMONTADE. Le Chevailler Rodomont ſe vantoit; il étoit orgueilleux, mais il avoit auſſi de la valeur. Le mot ſignifie donc d'ordinaire quelcun, qui parle de ſes exploits, comme s'il en avoit fait d'auſſi grands que ce Chevailler, quoiqu'il ſoit peut-être le plus lâche de tous les hommes. C'eſt pourquoi il eſt pris pour une injure. La plûpart s'imaginent, qu'une langue fanfaronne eſt accompagnée de peu de cœur: Cependant cela n'eſt pas trop certain: Qui eſt-ce qui ſe vante de plus de générosité, & toute fois qui eſt plus généreux que nous? Nos adverſaires le prennent pour une injure quand nous leur attribuons des Rodomontades; mais cela leur feroit gloire auſſi bien qu'à nous, s'ils étoient aſſez habiles & hardis pour ſe vanter d'actions qu'ils n'ont pas fait. P*** qui n'a point lu ſon Arioſte ni les autres Livres qui traitent de la vaillance, s'eſt ſervi de ce mot, pour la variation du Stile: Il entend le françois

çois pour le ſon; c'eſt donc pour le beau ſon & pour ne pas toujours dire *Calomnies*, qu'il nomme *Rodomontades* ce que Ponikau dit de la miſere en Saxe, & quant à la violation de paix, bien que ce ſoïent des plaintes, & rien moins que des fausſetés. Quoique veuille dire ce mot, il fait un beau ſon, comment peut-il arriver qu'il ſoit incivil ?

ROMPU, CONSOMMÉ : C'eſt-à-dire, *connoître à fond par un long uſage*; Par exemple, *être rompu dans la Politique*, *dans l'Eloquence*. Dans les arguments qu'on tire de l'imagination, & des Traités qui n'exiſtent point, nous autres Politiques modernes ſommes ſeuls dignes d'être réputés bien rompus & conſommés dans notre art, comme auſſi dans pluſieurs autres Sciences. L'auteur des Remarques patriotiques a fort bien dit : que quiconque eſt rompu dans les affaires & les loix de l'Empire, reconnoît d'abord, que la Guerre preſente ſubſiſte entre l'Imperatrice Reine & le Roi de Pruſſe. Vive P***! *Jean* renverſe *George*, qui eſt entre lui & *Hermann*, & frappe *Hermann* ſur le Dos; celui-ci ſe retourne, ils ſe ſaiſiſſent & ſe battent. Qui, ſans être rompu dans les Loix & les Affaires de l'Empire pourra deviner, que cette querelle ſubſiſte entre *Jean* & *Hermann*. Ah ! Admirable Science !

RUI-

RUINE. Un bon patriote, qui n'eſt jamais d'accord avec le Chef, crïera bien fort, que la Liberté, & la Religion ſont en danger & proches de leur Ruine. Un Politique habile conſolera le peuple pris en Dépôt, en lui faiſant attendre que des cendres de ſa ruine il renaiſſe le Phœnix du Bien du païs.

RUSÉ. Nous ſavons bien que nos adverſaires ne le ſont pas; mais néanmoins nous faiſons ſemblant de les croire tels. C'eſt pourquoi nous nommons toutes leurs entrepriſes des ménées, des demarches ruſées, des machinations.

S—T—V.

S.

SACRÉ, eſt dans le Droit tout ce qu'une veneration, & des Loix particuliéres defendent; p e., de deshonorer, de leſer, ou de violer en aucune façon, le Reſpect dû à la Religion, à la Majeſté, aux Parens, aux Magiſtrats, ou un Serment, un Dépôt &c. C'eſt pour quoi nous diſons avoir pris la Saxe comme un *Dépot Sacré.*

SACRIFIER: ſe dit de nous mêmes: comme, *ſe ſacrifier par ſes efforts pour la paix*, ſacrifier ſes troupes, forcer les ſujets de ſon voiſin & ravir des hommes pour en faire des Soldats. Jamais un Prince ſage ne ſe ſacrifiera lui-même, comme un Horace ſur le pont de Rome. Les Politiques ne ſont pas ſi ſots, de vouloir perdre un œil ou une jambe: nous laiſſons cette gloire à ceux qui en ſont avides.

SATISFACTION. Le Politique eſt en Droit de la demander, même des offenſes imaginaires, ſans qu'il ſoit permis de dire que nous faiſons à perſonne des offenſes réelles, car on n'eſt pas fondé à prendre quoique ce ſoit pour offenſe de la part d'un Politique martial.

SÉCURITÉ *du païs.* Cela est mieux dit, que *Sureté.* Les Romains mêmes se sont toujours servis de cette expression latine.

SINCERATION: de l'Italien, *sincerarsi insieme l'uno con l'altro.* Le mot primitif est *Sincerité.* Notre *Æquanimité* exige, que nous repetions dans nos Ecrits autant de fois qu'il est possible, les expressions les plus sinceres: On s'en fait honneur. Pour la sinceration, il est rare qu'on en vienne jusqu'à ce point entre Chefs. Les Ambassadeurs sont instruits, d'en user politiquement avec la sincerité, pour qu'elle ne soit pas trop sincére, tout comme il ne faut pas que la Générosité soit trop généreuse.

SINISTRE; Signifie proprement *gauche.* Il est pris pour *malheureux*, comme dans les Augures des Romains: P. e. *On a vû un vautour à sa gauche, & cinq autres sont venus le chasser.* On prenoit cela pour un très bon augure; sur-tout si dans cette dernière volée il y avoit un aigle, qui fit un cercle au dessus de la tête du parti qui se déffendoit.

On croioit aussi que l'augure étoit *Sinistre*, quand les entrailles du côté gauche de la bête qu'on offroit en Sacrifice, commençoient à sécher. Toutes les Insinuations de nos adversaires sont *sinistres*, c'est-à-dire *malheureuses.*

SUCCES. C'eſt par le ſuccès que le vulgaire juge de la juſtice d'une Cauſe. Nous acquieſçons à ſon jugement. Car peu de Grands ſe rangeront de notre côté ; Ces gens tiennent trop à la Morale, ils ont la memoire trop bonne, & une façon de penſer trop antique, pour ſe laiſſer perſuader par nous : il faut des ſuccès écraſans pour les obliger au ſilence.

T.

TAPIS ; On dit : *mettre ſur le tapis*, comme les joueurs de gobelet ; car c'eſt d'eux que nous avons emprunté cette expreſſion. Un de nos Politiques ne cedera pas à un joueur de gobelet en adreſſe, ni pour ce qui eſt d'être familiariſé avec les grands mots, comme les charlatans.

TERMINI. Un Logicien comprend bien ce que c'eſt, pourvu qu'il ſache former un *Baralipton*. Dans le ſens Politique il ſignifie, termes; ceux de nos adverſaires ſont immoderés, offenſants.

TRAMER. Comme on ne ſauroit connoitre le deſſein de la Trame d'un Tiſſerand avant que de l'avoir vûe ; C'eſt pourquoi on appelle Trame, une ruſe imprévue; & tous les deſſeins de notre partie adverſe ſont des trames dangereuſes.

TRAMÉ. Ce participe ſe joint fort naturellement à un nom tel que Conjuration, Conſpiration, quoiqu'il n'ajoute rien à la ſignification du ſubſtantif; Mais c'eſt pour ſuivre la Regle, qu'il faut au-moins ajouter un Epithéte à chaque ſubſtantif; s'il ne dit rien, il allonge du moins la ligne, donne de l'exercice à l'haleine des lecteurs en le prononçant, & rend la feuille plus apparente. Voyez CONSPIRATION, CONJURATION.

TÉMERAIRE. Epithéte, pour les ſubſtantifs *Accuſation*, *Procedé*. Il ſert à remplir la feuille. P*** ſait en maitre faire valoir de pareilles élégances.

TRES. *Le plus de tous.* Degrés de comparaiſon fort propres à exagerer une choſe, & à étendre encore l'Idée au delà du ſuperlatif; particuliérement pour do ner au Public une mauvaiſe impreſſion de quelcun. Les épithétes d'odieux, de dangereux, d'horrible &c., ſervent généralement à cela; mais elles ne preſentent au lecteur que le premier degré de haine: *plus odieux*, *le plus odieux* ſont plus étendus, il eſt vrai; mais nôtre Politique l'a pouſſé plus loin; elle dit *Trés Odieux*, *le plus odieux de tous.* C'eſt pourquoi nous avons établi la régle générale, d'emploïer toujours ces épithétes outrageantes dans le troiſième degré au moins, ſi ce n'eſt dans le quatrième; de joindre pluſieurs ſemblables épithétes à un nom, & de de ne le laiſſer jamais ſeul : par exemple. *Expreſſions les plus améres & les plus odieuſes.* Cela fait un ſon harmonieux de mots, & chatouille le deſir de Vengeance, de ce qu'on ôſe avancer contre nous des verités déſagréables.

V.

VAGUE. Marque une diffuſion inutile, mais nous le diſons auſſi d'une reponſe que d'ailleurs nous reconnoiſſons pour trop laconique; une Reponſe laconique, vague, & rien, ſont la même choſe, diſons nous. Quoique ces adjectifs ſemblent ſe contredire l'un l'autre, ils s'accordent néanmoins; & même chacun d'eux ſignifie autant dans notre ſens politique, que tous enſemble : ſavoir, *que la Declaration donnée n'eſt pas conforme à nos ordres, dans les ſillabes préſcrites, ni dans le ton que nous le ſouhaitions.*

VERITÉ. Nous autres Politiques n'avons que faire de demander, avec Pilate: *Qu'eſt ce que la verité?* Mais, qu'entendons nous par vérité? car une vérité, qui n'eſt pas reconnue pour telle, fait le même effet qu'une fauſſeté ſur l'eſprit de celui qui ne la croit pas; & un menſonge au contraire qui eſt crû, prend la place de la verité, & hérite de ſa force vis-à-vis de celui qui le croit. Mais eſt on obligé à croire toute verité? Non: pourvû que le menſonge nous paroiſſe plus convainquant; puisque dès-lors il nous eſt devenu une verité. Mais poſons le cas, que je ſûſſe évidenment une choſe : dois-je l'avouer ? Aſſeurément non; & encore moins ſuis-je obligé d'avouer que je la crois. Par conſéquent je puis nier toutes les vérités qui me ſeroient préjudiciables : qui peut prétendre, que je me nuiſe à moi-même ? Si par mon habileté, par les ſerments, par le changement des circonſtances, ou d'une date, par des pièces authentiques enrichies de mots & de lignes fauſſes, je puis faire croire mes inventions, alors je les ai élevées jusqu'aux vives couleurs de la verité, & elles les conſerveront jusqu'à ce que quelcun, dont nous n'avons pas encore ſuffiſanment calomnié les diſcours pour les rendre ſuspects, vienne à perſuader le contraire à nos Ennemis. Je conclus de cela, que c'eſt une choſe ridicule & ſuperflue, que de chercher la verité, & de s'y astriendre. Le Politique ſait, que le moindre devoir doit ceder au plus grand : Ce dernier devoir conſiſte dans l'amour propre, dans la Gloire, la Dignité, la Sureté ſuffiſante par l'affoibliſſement des adverſaires, dans les efforts pour la paix en écraſant tous les voiſins ; dans un Dépôt Sacré pour le Bien du païs &c. Pour justifier tout cela devant le monde, ſans rendre commune la fineſſe de notre Doctrine Politique, il faut inventer des Raiſons, des hiſtoires, des circonſtances ; charger d'épithetes odieuſes les contradicteurs, faire re passer pour faux ce qu'ils disent, mais nos injures polies, pour des vérités. Que cette maxime soit donc imprimée profondément, comme absolue & infaillible, dans la mémoire de tous nos disciples: Rien de ce qui nous est nuisible n'est vrai ; & rien n'est faux dès qu'il nous devient avantageux.

Agissez conformément à ces maximes ; cachez aux Adversaires vos vraies intentions, soyez habiles à inventer des raisons & des preuves, & à tout embrouiller ; niez effrontément & calomniez de même ; soyez hardis, ou comme disent nos adversaires, soyez brutaux & grossiers dans vos menaces ; parlez de façon qu'on ne vous comprenne pas ; & pour mettre les autres en doute & en crainte, en confondant tout, soïez vous mêmes confus.

FIN.

GLOSSAIRE
EN VERS.
SUR
L'HEROÏSME.

L'honneur fait les Héros, l'intérêt les Brigands.
MOY.

Sur l'Original de

BERLIN.

AVERTISSEMENT DU *LIBRAIRE.*

TROIS Réflexions,

La première, ſur le mot CONQUERANT;

La ſeconde ſur celui de BRIGAND;

Et la troiſiéme ſur celui de *Heros*, me ſont tombées entre les mains.

Je les ai réunies ſous le nom de *Gloſſaire ſur* L'HÉROÏSME, & les ai placé à la fin de ce volume, d'autant plus que le Docteur Volkna a oublié tellement cet objet important, qu'il a obmis tous ces Articles dans ſon GLOSSAIRE POLITIQUE.

Les imprimer à l'inſçu de l'Auteur, c'eſt, ſans doute, lui donner lieu d'être mécontent : j'eſpére que l'approbation du Public me ſervira d'excuſe.

GLOS-

GLOSSAIRE POETIQUE

SUR LE MOT

CONQUERANT.

Qu'est-ce qu'un Conquérant? Un mortel intrépide,
Né pour être obéi, des honneurs ſeuls avide,
Une ame généreuſe, un cœur ambitieux,
Qui jette ſur les biens un regard dédaigneux.
Trop grand pour s'abaiſſer juſques aux injuſtices,
Trop fier pour recourir à de vils artifices,
Il veut que la vertu, que ſa propre valeur,
L'éléve juſqu'au rang qui ſeul remplit ſon cœur.

Ceſar retourne à Rome, & c'eſt pour la défendre;
C'eſt au nom de l'Etat que ſe venge Aléxandre;
Et Charles en ſa faveur interprétant les Loix,
Veut même que le Ciel approuve ſes exploits.

AINSI

Ainsi quelques raiſons qui ſemblent légitimes,
Font briller leurs vertus en excuſant leurs crimes.
Eblouïs par des traits de généroſité,
Nous ſentons devant eux rentrer notre fierté;
Et de leurs actions admirant la nobleſſe,
A leur ſort malgré nous notre cœur s'intéreſſe.

Ils nous volent l'encens dont nous ſommes jaloux.
Si du deſtin contraire ils éprouvent les coups,
Nous payons leurs malheurs du tribut de nos larmes.
Si la terre à leurs pieds vient mettre bas les armes,
Du poids de leur grandeur on a beau murmurer,
Le cœur dit en ſecret qu'il faut les admirer.

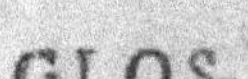

GLOS-

GLOSSAIRE II.

SUR LE MOT

BRIGAND.

D'UNE voix étouffée, ô timide innocence!
Je t'entends dans les fers nous demander vengeance;
Tu frémis au seul nom de Thamas Koulikan,
Il fut Usurpateur, il dut être Tyran.
Grand par l'impunité, tes crimes sont ta gloire,
Cruel! quand le vaincu m'annonce ta victoire,
Le premier mouvement qui s'éleve en mon cœur,
Pour lui c'est la pitié, pour toi c'est la fureur.

Au milieu de la paix répendant les allarmes,
Dans l'espoir du pillage *Attila* prend les armes.
Barbare, que t'ont fait les Rois de ces climats,
Pour venir ravager leurs paisibles Etats? . . .

Mais que vois-je! une Ville en proie à ta furie,
Est coupable à tes yeux en servant sa Patrie.
Assouvis tes désirs, contemple ces lieux, teints
Des tristes flots de sang qu'ont répandus tes mains:

Tous

Tous leurs trésors ouverts & leurs jours sans défense,
Les rendoient, il est vrai, dignes de ta vengeance
Que leur foiblesse encore irrite ton courroux;
Poursuis . . . que tout ici périsse sous tes coups.

Tu peux de ton esprit étaler les souplesses,
Te servir de la paix pour ravir leurs richesses;
Mais ne crois pas monter au rang des Conquérans,
L'honneur fait les Héros, l'intérêt les Brigands;
C'est lui, c'est son espoir qui nourrit ton courage,
Qui rallentit ta haîne ou souleve ta rage.

Guidé par l'avarice & la férocité,
Mêlant l'hipocrisie avec l'impiété,
A l'amitié perfide, à l'intérêt fidele,
Tu surpasses celui que tu pris pour Modele.

GLOSSAIRE III.

DISTINCTION DU CONQUERANT ET DU HEROS.

Le grand homme à l'honneur va par d'autres ſentiers,
Un ſi vil intérêt flétriroit ſes lauriers,
Juſtement embraſé du feu de la vengeance,
Ce n'eſt que dans le ſang qu'il lave ſon offenſe,
Rien ne peut arrêter les flots de ſon courroux;
Mais voit-il ſon rival tomber à ſes genoux,
A-t-il fait ſur ſon front chanceler ſa Couronne,
Le Conquérant punit où le Héros pardonne.
Charles victorieux n'étoit qu'un Conquérant,
S'il eût ſçu ſe calmer il eût été plus Grand.
Quand je penſe aux malheurs qui traverſent ſa vie,
Mon cœur en le plaignant condamne ſa folie.
Je frémis du Vainqueur qui pourſuit Darius,
Et j'admire un Héros dans l'ami de Porus.

Qu'un

Qu'un Pirate méprisé, respirant le carnage,
Promene sur les mers son inutile rage;
Quand l'Indien fougueux s'abreuve de son sang;
Quand on voit de son lit déborder un *torrent*,
Du sage Hollandois le timide silence,
Ménage l'Angleterre en respectant la France.

* * * * *

Pardonner quand on peut, ne punir qu'à propos.
C'est imiter TITUS, *c'est agir en Héros:*
La premiere conquête est celle de soi-même,
Et le plus grand des Rois est celui que l'on aime.

www.ingramcontent.com/pod-product-compliance
Ingram Content Group UK Ltd.
Pitfield, Milton Keynes, MK11 3LW, UK
UKHW022024170726
13837UKWH00001B/394

9 782329 267494